描画からわかる

子どもの危機と成長のサイン

加藤孝正 監修
馬場史津 編
アートセラピー研究会 著

▲口絵 1　箱庭：火山の大噴火（46 頁）

黎明書房

▲ 口絵 2　交互色彩分割法（22 頁）

▲ 口絵 4　自由画：キャンプファイヤー（85 頁）

▲ 口絵 3　風景構成法（75 頁）

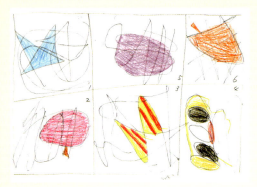

▲ 口絵5　なぐり描き：
　　　　ヨット，リボン，モモ（36頁）

▲ 口絵6　コラージュ：世界は広い（42頁）

▲ 口絵7　折り紙：
　　　　ゴミ捨て場に集まる昆虫たち（91頁）

▲ 口絵8　模写：メジロ（95頁）

▲ 口絵9　箱庭：花と動物とベッド（80頁）

はじめに

　私たちは小学校・中学校の教員として，また教育相談員や大学付属の臨床心理相談室のカウンセラーとして，問題を抱える子どもたちの相談に携わってきました。時代の流れの中で世の中の問題も変化しています。一昔前までは，学校の問題と言えば，不登校の生徒や家出などの問題が多く，そうした子どもたちへのカウンセリングが中心でした。しかし，近頃ではいじめや引きこもり，自殺の報道も目立つ時代になりました。

　また，子どもたちの成長には保護者の姿勢が大きく関与します。心の問題について，子どもだけでなく保護者の心や生き方に注目し，家族全体を視野にいれた援助が大切だと実感しています。

　そして，子どもたちの目に見えない心のあり方や葛藤に対しては，その心の表現手段となる，描画やコラージュ，箱庭などのアートを用いたアプローチはとても有効だと感じています。そこで私たちは，アートを活用して子どもたちと関わってきました。

　アートセラピー研究会では，心の問題を抱え困難に直面しているクライエントやその家族を支援したいと研鑽を重ねてきました。この会が設立されたのは平成11年のことで，同朋大学の加藤孝正先生のゼミナールを受講したメンバーが自主勉強会を始め，当初は「ももの会」という名前でスタートしました。

　「もも」は，ドイツの作家ミヒャエル・エンデによる児童文学作品『モモ』の主人公の名前にちなんでつけられました。この物語の世界では，人々は灰色の男たちによって時間を奪われ，セカセカと余裕のない生活を送っていました。「モモ」は人の話に黙って耳を傾け，勇気と自信を与え人々を時間泥棒から救った少女です。「モモ」のように子どもたちの話に

耳を傾け，元気を取り戻させてあげたいという思いからこのような名前が
つけられました。

　平成 13 年に「ももの会」から「アートセラピー研究会」に名称を変更
し，2 ヵ月に 1 回の事例検討会を続けてきました。研究会のメンバーが担
当した子どもたちのアートを持ちより，それぞれの立場からいろいろな意
見を出し合ってアートを理解しようとしてきました。事例検討会には，身
体の不調を訴えて保健室を訪れる子ども，不登校の子ども，虐待や発達の
問題を抱えた子どもなど，たくさんの事例が持ち込まれました。

　「何が問題なのだろう」「どのように関わったらいいのだろう」「何かいい
い工夫はできないものか」と悩んでいる担当者と研究会のメンバーは，
アートをどのように受け取り理解するのか，さらには校内や校外の連携に
いたるまで，それぞれの立場から率直な意見を交わしました。

　研究会は担当者にとってのカウンセラーのような役割を果たし，研究会
が終わる頃には「がんばってみよう」「こんな風に関わってみよう」と前
向きな気持ちになることができました。

　加藤先生は会の設立当初から「専門家向けの本ではなく，当事者の母親
や教師向けに，アートの良さや活用法を解説する本を作りたい」「一般向
けのわかりやすい本を作って，もっとアートを広めたい」と言っておられ
ました。そこで，これまでに検討してきた事例からいくつかを選び，本に
まとめることになりました。

　この考えの実現に向けて編集委員会を設け，具体的に動き出したのは平
成 26 年のことです。保健室の養護教諭として，またスクールカウンセ
ラーとして，特別支援や相談室の相談員として担当した事例など，さまざ
まな分野から事例を集めました。また，アートの種類も自由画や家族画，
箱庭やコラージュ，折り紙，また言葉を書きなぐることなど，いくつもの
アプローチを取り上げました。アートが心の表現や援助にどのように役
立ったのか，たくさんのアートに触れていただき，アートの良さを感じて
いただければと思います。

　本書は「心がどのようにアートに表現されるのか」といった概論的な内容から始まっていますが，第2章からは事例の紹介となっています。本書では，20人を超える子どもたちを取り上げました。また作品は40枚以上紹介し，関心のあるアートや気になった子どもたちのどの章からでも読んでいただける構成になっています。そして，「実際にやってみたい」と思った方は，それぞれの方法や簡単な見方を第6章で紹介していますので参考にしてください。

　この本が読者の方の何らかのヒントとなり，困難に直面している子どもや保護者の方の役に立つことを願ってやみません。

目　次

第1章

アートに表現されたメッセージ

　皆さんは，絵を描くことがありますか？　多くの人が「絵はへたなので，長い間描いていません」と答えるのではないでしょうか。子どもの頃は無心にお絵描きを楽しんでいたはずなのですが，残念なことに成長するにつれて「あの人はうまい。でも私には無理……」と苦手に思う人が多いのです。落書きや塗り絵もアートの一つ，そこには私たちの気持ちが表現されています。本書では，子どもが表現した絵や作品をアートと呼んで，子どもの一部として大切に受け取りたいと思います。

1　子どもの心が表現される

(1)　問題行動は心の叫び

　私たちは毎日の生活でさまざまなことを感じています。楽しい，悲しい，腹がたつ，そういった自分の気持ちを自覚しているときもありますが，何が嫌なのかわからないうちに気持ちが落ち込んでしまうこともあります。たとえば，保健室にやってきた子どもが「先生，お母さんが怒ってばっかり。私の話なんて聞いてくれない。私だって頑張ってるのに全くわかってない。嫌になっちゃう」と話してくれると，子どもの気持ちはよくわかります。そして，このように教えてくれる子どもはあまり問題を抱え込むことがありません。

　一方で，お腹が痛い，頭が痛いと頻繁に保健室にやってくる子どもの中には，自分の思いを表現することが苦手で，身体の症状として訴える場合があります。腹痛や頭痛は仮病ではなく，本人は痛くて辛いのです。また，幼い子どもの場合には，チックと呼ばれる行動が見られることがあります。

頻繁にまばたきをしたり，顔をしかめたり，「アッ，アッ」と声がでる状態です。子どもの不安が強くなったときに現れることがあります。腹痛や頭痛，頻繁なまばたきもそれを生じさせる身体的原因がないのであれば，身体の不調は心の不調ととらえて，子どもの心に何が起きているのだろうと考えてみることが必要になります。

　ここで注意しなければならないのは，子どもの思いは言葉で表現できるとは限らないということです。大人は子どもに「何に困っているの？　話してくれない？」と言います。そして子どもが黙っていると，「言わないとわからないよ」と励ましたり，「はっきりしなさい」と怒ったりもします。しかし，子ども自身も何に困っているのかわからない，自分の気持ちを言葉にすることができない場合があるのです。

⑵　言葉にならない思いに気づく

　赤ちゃんが泣いているとお母さんは「お腹がすいたのかな？」「眠いのかな？」と赤ちゃんの思いを察し，ミルクを飲ませ寝かしつけます。成長するにつれて，子どもの気持ちは少しずつ複雑になり，お母さんといえども全てを察することはできません。わかってもらえない子どもは地団太を踏み，お母さんは困惑する。皆さんにも覚えがあるのではないでしょうか。これは特別なことではなく，発達の過程にはよく見られることです。

　自分が感じていることを的確に言葉で伝えるためには豊かな語彙が必要で，それでも全てが言葉にできるわけではありません。とても悲しいとき，感動したとき，私たちは言葉を失います。言葉として浮かんでこない，あるいは自分の感じていることを既成の言葉では言い尽くせないという思いになります。人と人が理解する上で言葉はとても大切なものですが，同時に，言葉にはできない何かを伝えるスキルも必要なのではないでしょうか。

　言葉は細かいニュアンスをそぎ落として大枠の内容を伝えます。たとえば，子どもが「お父さんとお母さんは，仲が良くないみたい」と話してくれたとします。聞いている私たちには，激しい夫婦喧嘩のシーンが思い浮

かぶかもしれませんが，実際は家庭内別居のような冷戦状態なのかもしれません。

　人間関係を言葉で表すのは難しく，それを自分がどう感じているのかを説明するのは至難の業です。もしこの子どもが家族の絵を描いてくれたとしたら，絵の中のお父さんやお母さんの表情，二人は向き合っているのか，どんな距離感で描かれているのか，子どもは誰の近くに描かれたのかなどから，言葉では伝えきれない家族の雰囲気を察することができます。

　また，「私の家族は仲が良い」と話していたとしても，描かれた家族はそれぞれが別のことをしているかもしれません。描き手はその状態が仲が良いと感じている場合もあります。あるいは，仲良くしたいという願望が語られたのかもしれません。

　幼稚園で描かれた絵を見ていると，お父さんよりも大きなお母さんが描かれていたりします。幼い子どもには身近なお母さんが一番大切な，大きな存在として感じられていることがこのような形で表現されます。子どもの絵は写生ではなく，"心に浮かぶイメージ"であるという視点で見ることによって，これまでに見えなかった子どもの心の世界が見えてきます。

　そして，子どもの言葉にならない思いは，絵を見る人の心に直接伝わります。子どもの絵を見たお母さんがハッと何かに気づかれた様子で「こんな風に思っているのですね……」としみじみ語られることがあります。子どもの言葉にならない思いがアートを通して伝わり，何かが変わっていくのです。

2　学校や家庭でのアートの活用

(1)　表現を受け止めること

　描画は用紙と鉛筆があれば始められるので，学校の相談室はもちろんのこと，保健室や授業の一環として，さらには家庭でも簡単に取り組めます。その場合に気をつけてほしいことは，嫌な人に無理強いをしないことです。

保健室に来た子どもにアートを導入することで，子どもの心を垣間見ることができたり，仲良くなるきっかけができるかもしれません。しかし，「絵は苦手だから」と嫌がるようであれば，「じゃあ，違うことをしようか」と嫌な気持ちを受け止めてあげてください。やりたくないことを率直に伝える体験，そしてそれが受け入れられる体験をすることのほうが大切です。絵を描かされる，と保健室に足がむかなくなっては元も子もありません。

　アートは「何を描いてもいいよ」「上手に描かなくてもいいんだよ」と子どもに伝えます。そして，子どもの自由な表現を受け入れる心構えが必要です。キャラクターを描いても，模写や塗り絵であっても構いません。「自由に描いていいよ」という言葉に嘘はないはずです。ところが，実際にやってみるとこれはとても難しいことに気づきます。

　子どもがさっきまで描いていた絵を消していると「せっかく描いたのに消さなくても」という気持ちが湧いてきたり，「もっと遠近法を使ってみたら」と助言したくなります。しかし，そういった教育的な態度で関われば，子どもはやっぱり上手に描かなければいけないのだと思うでしょう。ここでのアートは上手な絵を完成させることではなく，現実ではありえないようなことも思うままに表現することです。そしてそれが受け入れられることが子どもの気持ちを解放し，自尊心を高めます。

　自由に作品を作るということは，夢の世界に似ています。現実の生活では，やってはいけないこと，やらなくてはいけないこと，いろいろな制約があります。アートはそういった制約から離れ，自由な想像の世界で遊ぶ活動です（関則雄他編『アート×セラピー潮流』フィルムアート社，2002）。アートには「言ってはいけない」「思ってはいけない」と抑え込んでいる心が表現され，「こうしたい」「こうであったらいいのに」という願望が語られるかもしれません。ままならない現実であっても，自分の気持ちを誰かが受け止めてくれれば，明日への力になるのではないでしょうか。自由に表現するなかで，今まで気がつかなかった自分の気持ちに自ら気づ

き，確認することができます。言葉だけではたどりつけないような，奥底の気持ちに気づくこともあるのです。

　しかし，表現を制限する場合がないわけではありません。心の容量を超えた表現は逆に心の傷となることがあります。東日本大震災のあと，臨床心理学の専門家から安易に震災の絵を描かせないようにという注意喚起がありました（心理臨床学会，2011）。震災の絵を描くことによって心が癒される場合もあれば，辛い記憶がよみがえって混乱することもあります。心の傷となるようなテーマはあくまでも自発的に描くまで時機を待ちます。そして，描き始めてからも様子をよく観察し，状況によっては止めることも必要だということを忘れないでください。

⑵　心の世界を表現するアート

　自由に絵を描く，つまり自由画の制作にもっともその人らしさが表れます。何をどのように描くのか，すべてその人に任されているからです。しかし，「なんでも好きに描いていいよ」と言われると困る人も多いでしょう。そのようなときには，絵のテーマを決めて「○○の絵を描いてみない？」と誘ってみることで一歩踏み出すことができます。

　描画テストとして利用されている方法には，さまざまなテーマがあります。木のテーマはバウムテストとして描画テストの中でもよく知られています。描き手は心の中に木のイメージを浮かべ，あくまでも木の絵を描いているつもりですが，そこには描き手があまり自覚していないような，しかしその人が自分をどのような存在として感じているか，生命力や自信，不安，人間関係などが表現されると考えられています。

　たとえば，不登校の子どもが描いた弱弱しい筆圧の小さな木からは，まだ登校するだけの心のエネルギーが充填されていないのかもしれない，と想像することができます。

　杉浦京子他著『投影描画法ガイドブック』（山王出版，2005）では，さまざまなテーマの描画法が紹介されています。何を描くのかによって，描

き手の異なる心の側面が映し出されます。

　人を一人描く「人物画」では，自分や人に対するイメージ，女性・男性のイメージなどが表現され，「雨の中の私」では，雨をストレスとみなして，ストレスへの対処力を読み取ります。描き手がストレスを感じながらも何か身を守ることができるのか，途方に暮れてしまうのか，絵の場面をその人に重ね合わせることで，援助のヒントが得られるかもしれません。

　心理検査としてアートを用いる描画テストの場合には，決められた方法で行うことが重要です。同じ方法で行うからこそ，変化を理解することができます。しかし，アートを援助の一部として利用するのであれば，柔軟に対応し，子どもの発想を尊重すればよいでしょう。

⑶　関係作りのアート

　自由にあるいはテーマに従って描くアートは，主に子どもが心の世界を表現し，それを受け止め理解することが目的で行われるものです。一方で，関係を作ることを目的に一緒に楽しみながらアートを利用することもできます。

　保健室や相談室にやってくる子どもの中には，何か話したそうではあるけれども，なかなか言いださない子がいます。そのようなときには「話せるようになってからでいいんだよ」という思いをこめて，子どもと一緒に何かをすることが役に立ちます。

　絵を描くだけでなく，折り紙をしたり，手仕事をしていれば沈黙もあまり不自然ではありません。折り紙を手にとり「何色が好き？」などと質問することは，あまり立ち入り過ぎずに相手のことを知ることができて，会話のきっかけになります。

　そのため，緊張した子どもとの関わりでは，緩衝地帯としてのアートが助けになる場合もあるでしょう。そして，関係作りのアートでは，大人の態度や言葉がけが子どもに影響を及ぼしますので，自分が発するメッセージにも注意してください。関係作りのアートでは作品そのものを理解する

よりも，「あまり関わってほしくないのかな」「サポート次第では積極的に
なれそうだ」など二人の間で何が起こっているのかを理解することが大切
です。

3　アートについて話し合うこと

　作品について「感想があったら教えて」と話しかけると，「楽しかった」
あるいは「大変だった」「うまくいかなかった」などと教えてくれます。
「別に」という返事もよく聞きます。「別に」という返事に対しても，「別
にって感じなんだ。そうなんだ」と耳を傾けます。「別に」という言葉は，
「楽しいわけでもなかったけど，途中でやめるというもの違う。どうだっ
たと言われてもわからないよ」ということなのかもしれません。このよう
な気持ちを率直に話せるような関係を作ることが大切です。

　一方で，自分の作品について語ることは，少し客観的な立場から自らを
振り返るプロセスです。見守っている大人にも，さまざまな感想が浮かぶ
はずです。そして「たくさんの色があるね」と話しかければ，子どもも
「なんでかな」と自分の選択について気持ちを向けることになります。

　さらに「この絵をみていると迫力を感じるなあ，なんかすごいなあ」と
感想を伝えれば，「そう？　……意味はないんだけど，塗ってたらそう
なっちゃった。……塗りつぶしたいような気がして……もう嫌になっ
ちゃったんだよ。全部何もかも，なかったことになったらいいなあって」
と，こちらの感想が呼び水となって，自分の感じにぴったりとした言葉を
探し，自分の気持ちを整理する活動が始まるかもしれません。言葉になら
ない思いがアートとして表現され，さらに言葉へと導かれることで気づき
につながる，これがアートの魅力です。

　話し合うことと子どもに解釈を伝えることは違います。たとえば家族画
で両親が遠く離れてばらばらに描かれたとしても，安易に「お父さんとお
母さんは仲が悪いんだ」と解釈を伝えることは控えてください。描画から

そう読み取れたとしても，両親の不和を認めたり，他者に伝えたりする準備ができているとは限りません。アートの中には本人がまだ気がついていないことが含まれるということを忘れないでください。

第2章

保健室でのアートの活用

　保健室に居場所を求めて来室する子どもがいます。そういう子どもはそれぞれ，そうする理由や問題を抱えていることが多いようです。しかし，子どもたちは漠然とした不安を感じていても，それを言葉でうまく表現できないこともあります。それに比べて描画は，年齢に応じた表現法で，一人ひとりの思いを形とし残すことができます。

　その絵を仲立ちにすれば子どもと会話することができ，後から振り返ることにも役立ちます。また，自分が表現した作品を見て感じることで，自分を成長させることにつながります。さらに，描画や箱庭などのアートから本人が意識していない早い段階でも，周囲の大人が子どもの発する危険信号（シグナル）に気づく場合もあります。

　そこで私の学校では保健室にアートのコーナーを設けて，保健室を必要としている子どもが無理なく自分の思いを表現できるようにしました。絵を描くのが苦手な子どもには，雑誌などの切り抜きを貼って作るコラージュや，粘土を置いて，楽しみながら自分の思いを表現できるように工夫しました。

15

養護教諭は，臨床心理士ではありません。子どもの作品を分析するのではなく，子どもが望んでいることや作品の中にある健康な部分をできる限り探すことに力を注ぎます。問題があるかな？　と思われる部分には慎重に対応します。できるだけ，本人や保護者が自分で気づくのを待ちます。子どもや保護者には，作品に込められた思いを受け止める力があり，自ら解決につなげていく力があります。

　保健室に訪れる子どもは，何とか教室に適応しているので，親や保護者には子どもの抱える問題が見えていないことがあります。中には，子どもを悪く見られていると勘違いする保護者がいます。また，保護者が大きな問題を抱えているために，子どもの問題を認められないこともあります。問題意識がない場合は，特に慎重に対応することが大切です。

　保健室で描画を見るときは“良いこと探し”に徹します。良くないことは，本人が話してくれるのを待ちます。描画に表現された表情の暗い子どものことが聞きたいと思ったら，ゆっくりと温かい気持ちをもって「この子は元気だね。こちらの子はどうしたのかな？」とにこやかに問いかけます。答えてくれたことは，じっくり聞いた後で良い意味に置き換えて返すよう心がけます。子どもが話すのを迷っているときは，養護教諭の心に留め，無理に聞かずゆっくりゆとりを持って対応していきたいものです。

　養護教諭は，子どもや職員・地域の方々の心と体の健康教育や，安全教育を担っています。子どもと接する休息時間中は，応急処置に追われながら，合間を見つけ対応しています。しかし，地域によっては，保健室の中にこころの相談員を配置しているところもあります。配置された学校では，早い段階でアートを活用でき，解決につなげることができています。しかし，そんな学校はまだまだ少数です。

　この章では，保健室を訪れた子どもとのアートを通した関わりを追いながら，アートの意味を一緒に味わっていきたいと思います。また，アートを活用して成長していく姿や変化した保護者の様子を紹介します。

16

1 保健室を訪れる子どもたち

(1)　母親と妹を守るAくん（小5）

　最初に紹介するのは何でも器用にこなすAくんです。小学5年生頃から，休息時間中に保健室にやってきて，**箱庭**をしたりおしゃべりをしたりして過ごすようになりました。6年生になると，保健委員として来室する子どもたちの面倒をよく見てくれました。しかし，ときどき教室に戻りたがらないときがありました。そんなときは，授業の後に好んで**箱庭**をしていました（図1）。

　Aくんの特徴は，癒しの効果の高い水を大量に使うことです。水中の砂の感触を楽しみ，ぬれた砂を積み重ねたあと，木々を植え豊かな**箱庭**を作り元気をとりもどして帰っていました。養護教

図1　箱庭

諭である私には，Aくんと話していると，子どもと話しているというより大人と会話しているような感覚がありました。

　卒業後も節目には，保健室を訪れ近況を話してくれていました。そんなAくんが，大学受験を前に「先生，次に進むためにどうしても話したいことがあります。聞いてください」と連絡してきました。そこで話された内容は，小学校5年・6年の頃の家庭の話でした。静かでやさしい父親ですが，その当時は暴力をふるうことがあり，長男として母親と妹を守るためがんばっていたということがわかりました。実は，Aくんの両親とは，何度もお会いし話す機会があったのですが，その頃のAくんの状況は全く見えていませんでした。

<＜Ａくんの事例から＞ ‖‖

　Ａくんはときどき教室に戻りたがらないときがあったものの，学校の中で何か問題があるというわけではありませんでした。Ａくんは何も語りませんでしたが，**箱庭**を作ることには大きな意味があったのかもしれません。Ａくんは，成長とともにやっと当時の自分について話すことができました。大学受験を控え家族を客観的に見つめ直し，自分の進む道を考え始めていることがわかりました。

　Ａくんの事例を通して，頻繁に保健室へ訪れるという行動にはそれなりの理由があること，保健室の利用に関しては，長い目で見守ることが大切であることを実感しました。

⑵　祖母や父親からよく注意されるＢさん（小４）

　次の事例は，小学４年生の優しいＢさんです。夏休みが明けた頃から，学校には登校していましたが，体調不良を訴えて頻繁に保健室を訪れるようになりました。問診をしましたが，身体的には特に問題となる症状は見られませんでした。そこでＢさんが安心して保健室に来られるように20分の休息時間にアートのコーナーを利用できるようにしました。絵を描くようになってからは，授業中に体調不良で保健室に来ることがなくなりました。

　ある日，Ｂさんが「何を描こうかな？」と聞いたので，「Ｂさんのところは，何人家族なの？　絵に描いて教えてくれる？　できたら何かしているところがいいな」と言って**動的家族画**を描いてもらいました（図２）。

　動的家族画では，用紙の上に描かれている人がその家族の中心人物であると考えます。この絵を見ると，Ｂさんの家では，祖母と母親が家族を動かしているようです。Ｂさんは縄跳びをしていますが，このように自分の周りを囲う描き方は，家族との間に距離を感じていることを表します。Ｂさんは家族の中で孤独を感じているのかもしれません。父・妹は一番下に描かれ，しかも，ギザギザの線で描かれています。

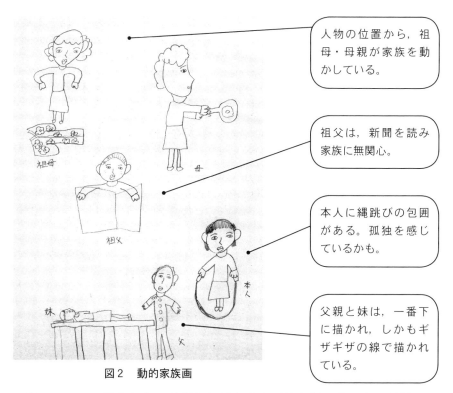

人物の位置から，祖母・母親が家族を動かしている。

祖父は，新聞を読み家族に無関心。

本人に縄跳びの包囲がある。孤独を感じているかも。

父親と妹は，一番下に描かれ，しかもギザギザの線で描かれている。

図2　動的家族画

　そこで，この絵をもとに母親と担任を交え面接を行いました。学校での様子を伝え，絵を見せながら，「父親と妹がギザギザに描かれているのが気になったのですが……」と切り出すと，じっと見つめていた母親が語り出しました。「今年から，父親が自宅で医院を開業しました。今までは病院に勤めていたので，子どもと接する機会はあまりありませんでした。しかし，一日一緒にいると，長女のBに対して，勉強やしつけについていろいろ注意することが増えてしまいました。妹はうまく立ち回っていますが，Bは反発しないで父親に従っています。祖母も父親も教育熱心だから，辛かったかもしれないですね」と語ってくれました。

　母親は，絵を見ることでBさんの辛い気持ちを理解し，家に帰ってから，祖父母や父親と話し合うことができました。たった1枚の絵が家族を動かし，Bさんは日に日に明るくなり，以前の元気を取り戻すことができました。

　この絵からは，お父さんや妹に対しての反抗的な気持ち，家族に対するBさんの寂しい気持ちが伝わってきます。描画の良さは，Bさんの絵を養護教諭が説明するのではなく，それを見た母親自身が何かを感じとることができるところです。母親は人に言われるのではなく，自分で感じたからこそ，祖父母や父親に働きかけることができたのではないかと思います。

　あせらず，欲張らず，家族の協力を得ながら子どもがそれぞれのペースでゆっくり変わっていくのを見守ることが大切だと感じました。

⑶　お父さんに会いたいCさん（小3）

　三つ目の事例は小学3年の明るいCさんです。しかし，ときどき体調不良を訴えて保健室へ来ることがありました。しばらくすると楽しく話し始めるので，教室に戻そうとすると，急に苦しさを訴え父親に迎えに来てほしいと言いました。母親に連絡して何回か帰宅させるうちに，家に帰るとすぐ元気になることがわかりました。

図3　早期回想法

　そこで，過去の出来事に原因があるかも知れないと思い，「Cさんが思い出したことを絵に描いてみる？　できれば，一番小さいときのことがいいな」と伝えて描いてもらいました。これは**早期回想法**と呼ばれる描画法で，記憶に残っている過去の思い出の中には，大切な思いや，解決できず封じ込んでいる思いが表現されることがあるからです。

　そこで描かれた描画をもとにCさんと会話することにしました。Cさんは小さいときに家族で海に行った楽しい思い出を描きました（図3）。「くらげに刺されて溺れかけた私を，お父さんが助

20

けてくれた」と父親を描き，その後「お父さんは溺れてしまった」と言って消してしまいました。どうして消したのかを尋ねてみると，「お父さんに会いたいけど，お母さんに悪いから会えない」と答えてくれました。そこで，自分の気持ちを正直に母親に伝えるにはどうしたらよいか話し合うことにしました。一週間後，母親に父親に会いたいという自分の気持ちを話すことができ，父親と自由に会えることになりました。その後は早退することもなくなりました。

＜Cさんの事例から＞

　Cさんは，母親に遠慮して父親に会いたい気持ちを抑え込んでいたのでしょう。そして，それが体調不良として表れていましたが，Cさん自身もそのようなことがわかっていたわけではありません。自分でもわからない体調不良の原因を，絵を描き話をする中で気づくことができました。直接父親のことを話すのではなく，描画を通して語ることで，今まで閉じ込めていた気持ちを自然に表現することができました。また，Cさんの気持ちを養護教諭が代弁するのではなく，自分で母親に伝えるようにサポートしました。本人の気持ちがわかれば，周囲の大人もどのように対応すれば良いのかを考えることができます。母親もCさんの気持ちを理解してくれ，Cさんの体調不良はなくなったと考えられます。

⑷　家族のことを心配するDくん（中3）

　最後に中学3年生のDくんを紹介します。中学校でも，保健室には熱がないのに体調が悪いと訴え，授業に行けない生徒が多く訪れます。そんなときは保健室の記録表に記入するようにうながし，保健室で休養させています。保健室に来る生徒の中には，誰かに話を聴いて欲しいと思いながらも，忙しい担任には話せず，もやもやした気持ちで学校生活を送っているいる生徒がいます。そのうちに体調不良になって保健室を訪れるのです。

　Dくんは今年度初めて保健室に来室し，体調が悪いと訴えました。体温を測りながら記入した保健室記録を見ると，「気になること悩んでいるこ

とはある？」に〇が付けられていました。「ベッドで休むか先生と話をするか，どっちにする？」とDくんに尋ねると「話したい」と答えました。

　記録用紙を見ながら話を聴いていくこともありますが，今回はリラックスできるように**交互色彩分割法**をしながら1時間過ごすことにしました。

図4　交互色彩分割法

最初はお互いに黙って交代で線を引き，色塗りをしていましたが，途中からDくんは自分の家の話を始めました。祖母が手術で入院しているので，心配で学校が終わると毎日祖父と病院に行っていること，祖父の農業の仕事を手伝っていること，母親の身体の心配など，Dくんは家族の心配を一人で背負っているようでした。「ほとんど部活動には参加していない。参加できるような家庭の状況ではない」とも話しました。完成した絵（図4／口絵2）を二人で見ながら，どの方向から見たら落ち着くか話し合いました。また，絵の中に何か見えるか，お互いに出し合い共有しました。Dくんは**交互色彩分割法**をした後，「スッキリした！」と笑顔で教室に戻っていきました。

＜Dくんの事例から＞

　中学3年生のDくんに「絵を描いて」と言っても嫌な思いをさせるかもしれません。その点，**交互色彩分割法**は描画への抵抗も少なく，1枚の用紙に交代で線を引き，色付けの作業をする過程で心が落ち着き癒されていきます。そして心の中にある心配事が自然な形で話され，養護教諭が助言しなくてもDくん自身が自分の状況を確認し，心のもやもやを整理していきました。このように，あえて「悩んでいることを聞かせて？」と言わなくても，安心できるような心が落ち着く状況を作ってあげることができれば，子どもたちは自分の力で元気を取り戻していきます。

2　お母さんと一緒に絵を眺める

⑴　強いストレスを抱えるEくん（小3）

　最初の事例は，小学3年生のEくんです。小学3年になる頃，女の子をからかったり，年配の先生に対し「ババア，あっちへ行け」などと言ったりして，友だちや先生との関係がうまくいかなくなってきました。Eくんは専門医から，自閉症スペクトラム障害と診断されましたが，母親は子どもの行動が理解できず対応に困り，養護教諭との面接を希望してきました。

　自閉症スペクトラム障害にもさまざまな症状といろいろな特徴がありますが，多くの子どもたちに共通するのは相手の事情を察することが苦手だということです。日頃のEくんは嘘がつけない正直者で空気が読めず，場にそぐわない発言が多くみられました。そのため母親は言っ

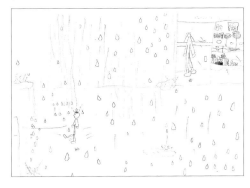

図5　雨の中の私

て良いことと悪いことを理解させようとして，相手が嫌がる言葉に対して厳しく注意していました。そこでEくんの描画「**雨の中の私**」（図5）を母親に見せながら，話し合うことにしました。

　絵を見ながら，母親とは以下のような話をしました。

養護教諭　「雨の中の自分を描いてくれる？」と言って描いてもらいました。
　　　　　（母親に見せる）

母親　　　本当にEが描いたのですか。
　　　　　こんなに丁寧に絵が描けるのですね。

養護教諭　丁寧に集中して10分ぐらいで描きましたよ。

母親　　　家では宿題の絵を描かせようとしても，ちっとも描けないので

	すが……。
養護教諭	かなり集中して描いていましたよ。この絵，雨をストレスだと思って見てみると，どう感じますか？
母親	（急に泣き出す）　雨がストレスですか。Eのところには雨粒がいっぱい並んでいますね。こんな雨の中にEは居るのでしょうか？
養護教諭	雨がいっぱい降り注いでいますね。
母親	これは私ですか？（右上の人物を指して）
養護教諭	お母さんはお菓子を作っていると言いながら描いていましたよ。
母親	（しばらく絵を見ながら涙ぐみ）　私は雨にもぬれずに家の中でのんびり……それに私の顔を描いてくれていない。私に背を向けて雨の中を進んでいるんですね。
養護教諭	この絵が今のEくんのストレスに対する対応のしかたかも知れませんね。
母親	こんな世界にいるなんて……私はEに見てもらっていないのですね。自分がイライラするとき，Eにあたっていたのかもしれませんね。

　母親は，絵を見ながらEくんの話をするうちに，現在の家族の状況や，自分自身の問題を語り出しました。翌日のおたより帳には，「雨粒が少しでも減るように，子どもの傘の存在になりたいです」と書かれていました。以後母親とは，卒業するまでEくんの理解と対応について面接を重ね，学校と家庭と相談所との連携も図りながらEくんの成長につなげていくことができました。

＜Eくんの事例から＞ ||||||||||||||||||||||||||||||||||||||||||||||||||||

　Eくんの絵は彼がとてもストレスを抱えていて，なすすべのない状態であることを伝えていました。その状況を改善するには家族の協力が必要でした。養護教諭が子どもたちの絵を見て理解するだけでなく，また絵を解

説するのでもなく，お母さんと一緒に絵を眺めることがあります。

　そして一緒に絵を眺めることでEくんの事例のように，お母さんが子どもの気持ちに目を向け，自分自身の問題にも気づくことができます。養護教諭が説明するよりも，絵が持つメッセージ性によってお母さんに変化が生じた事例だと思います。

⑵　両親の仲が良くないFくん（小3）

　次の事例は，小学3年生の真面目なFくんです。10月頃から欠席が目立つようになり，出席しても体調不良で頻繁に保健室を訪れるようになりました。そして休息時間中や教室に行けないときは，保健室で絵を描いたり箱庭をしたりして過ごしました。

　あるとき学校に来た母親に，養護教諭が「Fくんが保健室で描いた絵があるので，見てみませんか？」と声をかけました。

図6　動的家族画

図6　裏

　母親はFくんが頻繁に保健室に来ていることを知っていたので，声をかけてもらえ嬉しかったと話し，Fくんの**動的家族画**（図6）を見ながら，話し合うことになりました。絵を見ながら，母親とは以下のような話をしました。

養護教諭　Fくんの家族は何人かなあ。自分も入れて全員が何かしている

ところを描いてくれる？」と言って描いてもらいました。自分が描けていなかったので「Fくんも描いてよ」と言うと、紙を裏返しにして、二段ベットの中の自分（図6裏）を描いてくれました。

母親　兄はバイオリンが好きでよくひいています。私を随分若く描いてくれましたね。父親は家族と関わらずパソコンばかりしています。でもなぜ自分が裏側かしら。

養護教諭　なぜ、自分を裏側に描いたのでしょうね。

母親　家族の中にいないみたいですね。
　　　　一人ふとんの中ですね。

養護教諭　Fくんはベッドとふとんに二重に包囲されています。ベッドの足も包囲と考えると三重の包囲になります。包囲して描くのは、寂しさを表現する場合があるのですが……　（以下略）

　このように問いかけると、母親は涙ながらに、夫婦がうまくいっていなくて離婚するかもしれない状況であることを語り、Fくんのことをあまり考えていなかったことに気づくことができました。その後、母親とは数回の面接を重ね、母親は自分の気持ちを見つめ直し、子どものことを考えながら、夫とゆっくり話し合うこともできました。その後、Fくんの体調不良はほとんどなくなりました。

＜Fくんの事例から＞

　Fくんの事例も、お母さんが絵から気づきを得て、子どもの体調不良が改善した事例です。子どもが小さい場合、家族のサポートによって心の問題からくる体調不良は改善します。家族の中に自分が描けない、つまりは家族の一員だと感じられない、そんなFくんの気持ちが**動的家族画**に表現され、お母さんの気持ちを動かしました。

　絵を見ながらお母さん自身に考えてもらうことは、お母さんの健康な力を信じているとも言えます。大人であっても、辛い問題を抱えているとき

には子どものことに気持ちを向けられないときもあります。お母さんを支えることが，子どもを支えることにつながった事例でした。

⑶　問題行動をよく起こすGくん（小5）

　次のGくんは落ち着きがなく問題行動をよく起こす子どもです。Gくんは自分に自信が持てず何事も投げやりになってしまいがちです。他の子どもや親から見ると，いいかげんで何も考えていないように映り，そのため，まったく悪気がなくても，非難を浴びてしまいます。5年生で担任した先生もGくんを理解できずに苦慮していました。

ぼくは。いつもお母さんを困らせてばかり。お母さんはこんな格好でかわいそう。

心理学を学ぶ大学生（相談所から派遣された）は，こんな感じでぼくの味方をしてくれる。

お父さんは，いつもニコニコして見てるだけ。

ぼくは，いつもお母さんを悲しませているから，地獄をさまよっているのだよ。地獄はつらいよ。

母，父，大学生を描き，横顔の自分を描いた後，地獄をさまようぼくを描く。

図7　動的家族画

　そこで，担任の先生にGくんが保健室で描いた**動的家族画**（図7）を見せました。この絵を見た担任の先生は，Gくんが非難を浴びてしまう自分

がお母さんを困らせていると感じていること，そんな自分はダメなんだと感じていることを理解することができました。

　そこで，担任の先生はGくんが人に誤解を受けそうな行動をするたびにクラスの子どもたちに説明し，誤解を解く努力を続けていきました。その結果，よくパニックを起こしていたGくんも，落ち着きを取り戻し，自分の行動を見つめ直すようになりました。級友からも少しずつ理解され受け入れられるようになっていきました。

　しかし，両親はなかなかGくんのことを理解することができず悩んでいました。そこで担任の先生は母親にこの家族画を見せ，描いたときのGくんの気持ちを伝えました。母親は，Gくんが問題ばかり起こし，反省できないと考えていたので，悪いことをわからせるためその都度怒っていました。怒ったことがGくんに伝わらず情けない気持ちになり，Gくんをひどい言葉で傷つけてきたこと，そしてGくんが母親を困らせてしまうことに罪悪感を持ち苦しんでいたことに気づきました。

　その後母親は，事件を起こすたびにGくんがどんな気持ちでいたのか考え，担任の先生と話し合いながら，Gくんの理解を深めていきました。自分が周りに受け入れられるようになると，Gくんの保健室利用の回数は徐々に減っていきました。

＜Gくんの事例から＞ |||||||||||||||||||||||||||||||||||||||||||||||||||||||||||

　描画の良さは，言葉の理解と違い，見た人が自分の力でメッセージを見つけ感じることができるところです。また，作品として残るため，繰り返し見ることができ，そのたびに新しい発見があることです。

　担任の先生は，はじめは地獄をさまようぼくに注目していましたが，余裕ができてもう一度見たときには，家族の中に自分が描けなかった理由と，やっと描いた顔が横顔である意味を考えるようになりました。理解が深まるにつれ同じ絵の中から，多くの思いを読み取れるようになっていくのも描画の魅力です。また，同じ描画をそれぞれの立場で見て，どうすればいいかを考えることもできます。

　担任の先生は，描画を見て級友の理解不足を感じ，母親は，Gくんに対してイライラをぶつける怒り方をしていたことに気づきました。そのためGくんの自己評価が低くなっていることに気づき，Gくんの良いところを認めていく努力をされました。

　1枚の絵に対して，担任の先生や母親がそれぞれの立場で，描画のサインを受け取りました。そして大人が「そういうことだったんだ」とわかれば子どもへの対応が変わります。それぞれの人の気づきが大切であることをこの事例は教えてくれます。

3 母親との絆を取り戻した 不登校のHさん (小5)

Hさん（11歳）は，クラスのリーダー的存在であり，何事も意欲的に取り組む明るい少女でした。小学5年生のとき，クラスの中心的女子グループの間で，軽い気持ちでの悪口の言い合いから行き違いが生じ，そこで仲間はずれになってしまいました。

信じていた友だちに裏切られたことがショックで，食欲もなくなり，学校に来ても友だちが怖く隠れるように身をひそめ，やがて登校できなくなってしまいました。家にいても恐怖感が強く，机に下に隠れ，泣き叫んで家を飛び出したり，家の中の移動さえ母親の付き添いを求めるなど，外出もできなくなりました。

Hさんとの関わりは，教室に行くことはできなくても保健室ならと登校したことが始まりです。トラブルを起こしていることは学校内の連絡会などでわかっていましたが，Hさんから話を聞いたわけではありません。またHさんは保健室へはあまり来たことがありませんでしたから，どのように話をしようか考えました。初めて保健室へ来たときには「大変だったね。よく来れたね」と声をかけました。Hさんの言葉に表れていない状況や，Hさん自身が気がついていない何かがあるのかもしれないと考え，絵を描いてもらいながら対応をすることにしました。

Hさんに絵を描けるか尋ねてみると「何でもいいなら描ける」と言うので描いてもらいました。まず野原にいるキャラクターを描き，続いて裏面に描いたものが「未知の世界」（図8）でした。

楽しそうにパレードしている仲間がいる中で「Hさんはどこ？」と尋ねると，「ここ」と指差したのは地面の下で冬眠し「うー，寒い」と言っている動物でした。波打つ地面で地上とは仕切られ，さらに一人ひとりがカプセルに入って二重に囲われています。ここからは地上の楽しそうな仲間とのつながりが感じられません。「誰も近づかないでー，そっとしておい

図8　自由画：未知の世界

てー，っていう感じかな？」と聞いてみると，「そうそう，そうかもしれない」と答えてくれました。

　また，「冬眠中の人たちが他にもいるね」と言うと「○○君や××君かな？　クラスでその人たちのことを色々言う人がいる。私もその中の一人だったけどね」と，自分も弱者に強く当たっていたのだから，今回のことも仕方ないと閉じこもってしまったHさんの気持ちが伝わってくるような気がしました。

　翌日母親が，Hさんがいつも家で描いている絵を何枚か持ってきてくれました。それは自由画と同様にぬいぐるみやファンタジーの世界が描かれた絵でした。小さい頃からぬいぐるみが大好きで学校から帰るとすぐぬいぐるみに会いにいくこと，ぬいぐるみの名前を呼んで頬ずりするとほっとする，毎日ぬいぐるみを抱いて寝ていることを話してくれました。

　1年生の頃からずっとクラスのリーダー的存在でしたが，今回描いても

らった絵や話から，足元の固まっていないファンタジーの世界で生きていること，表面からはわからない寂しさや不安感があったことが感じられました。

図9　バウムテスト

その後，登校したときにHさんの心の状態を知りたいと考えて**バウムテスト**を行いました（図9）。この木をHさんだとみなすと，太く立派な幹で画面に入りきらない大きな木から，Hさんは本来元気な力を持っているものの，うまく周りと合わせていけないところがあるのかもしれません。栄養を吸うべき根っこの部分は，レンガで固められ，何か不安定さがあるのでしょうか。Hさんと弟を連想させる二羽のヒナが，親鳥が餌を持ってきてくれるのを待っている様子から，保護されたい思いが見られます。

さらにHさんには「家族がみんなで何かしているところ」の絵も描いてもらいました。描いた絵を見ながら家族の説明をしていると，次のように話してくれました。「私がちょっと言いにくい話でぐずぐずしていると，お母さんは『早く言いなさい』『もうそれで終わり？』と言う。私はだらだら話を聞いてほしいのに，じっくり話を聞いてくれない」と母親のことを説明しました。家族は喧嘩もありませんが，話を聞いてほしくても聞いてくれない，Hさんの家族は気持ちの交流が希薄なのではないかと想像できました。

Hさんが描いてくれた何枚かの絵から，Hさんが今は皆の中に入るのは難しく，少しそっとしておいてほしい状況にあることがわかりました。また，その背景にはHさんの家族は交流が少なく，自由に自分の気持ちを表現する体験ができていないことも予想されました。

　子どもが親離れをするためには，親に近づいて絆を確かめることが必要です。女の子が自分の性を受け入れるためには母親との関係が大切です。高学年の女子は，今までの自分から新しい自分に生まれ変わる時期ですが，Hさんにはその基盤が十分ではなかったのではないでしょうか。

　母親にはHさんの話をよく聞き，寄り添いながらサポートすること，Hさんには，夕食の支度など，家族で一緒に何かをすることを提案しました。養護教諭としてはHさんの話を十分に聞き，現実のHさんの気持ちを確認するようにしました。5年生の3学期は登校できない日が続きましたが，養護教諭はときどき家庭訪問をして，母親とHさんの3人で話をしました。母親はHさんに寄り添い過ごし，母親の不安はスクールカウンセラー，養護教諭などが面接や電話相談で対応していきました。父親にも学校に来てもらい話を聞きました。

　6年生になると，少しずつ登校できるようになりました。しかし，終日登校することは難しく，登校できた日も保健室登校で教室には行けませんでした。保健室では教室の授業内容の一部を学習したり絵を描いたり，保健室の手伝いなどをしていました。そのような中で今までの母親との出来事がときどき話題になりました。一つひとつの話を聞き，Hさんのそのときの思いを丁寧に聞きました。また，学校生活の中で，教室に入らないことを選択しているHさんの本音を聞きながら，Hさんが主体的に考え，一緒に妥協点を探っていくよう心がけました。Hさんは保健室登校を続けながらみんなと一緒に卒業しました。

　中学校では部活動に存在意義を見つけ，大きなトラブルもなく卒業し，高校生活も楽しんでいるようです。

＜Hさんの事例から＞ ||||||||||||||||||||||||||||||||||||||||||||||||||||||||||||||||

　クラスのリーダー的存在であった生徒が友だちとのトラブルから不登校になった場合，まずは友人関係の調整がなされます。それでも不登校が改善されない場合，他の要因を考える必要があります。友人関係のトラブルはそれまでにも経験してきているはずなのになぜ今回はうまく乗り越えら

れなかったのか，Hさんの事例ではその理由を絵が教えてくれました。

　自由画は子どもたちの気持ちが率直に表れます。しかし，絵を描くことが苦手な場合は何かテーマがあったほうが描きやすい場合もあります。そのため子どもに合わせて提案する必要があります。また，いくつかの絵を組み合わせることで，いろいろな視点での情報を集めることができます。クラスでの気持ち，心の元気さ，家族の様子，それらを総合しながら関わっていくことの大切さをHさんの事例は教えてくれました。

　同性のモデルとしての母親との安心した関係作りがHさんには必要であり，それには時間が必要でした。子どもたちの絵は，日常生活ではとらえきれない心の様子を伝えてくれます。子どもたちが言葉にできない気持ちを表現してくれるアートはとても興味深いものがあります。

動的家族画

4 寂しい気持ちを我慢し チック症が表れた I さん（小1）

　６月，小学校１年生の担任から次のような相談がありました。Ｉさんは授業中に「アッ，アッ」と声が出て，その声が徐々に大きくなってきているそうです。他の子どもがシーンとしているとき，特にテストのときなどに目立ちます。声も太いのでよく響きます。Ｉさん自身は特に気にしていないし，周囲の児童も何も言っていませんが何か言われる前に何とかならないものか，との相談でした。

　これはチックと呼ばれる症状で，まばたきや首振り，Ｉさんのような声を出すチックも子どもにはそれほど珍しいものではありません。身体的なものが原因であることもありますが，心の問題が関わっていることもあります。担任の先生から見ると，Ｉさんはしっかりしていて，ユーモアもあり，誰とでも仲良くでき，勉強も落ち着いてできる子とのことでした。

　養護教諭は入学後の健康診断や保健室の勉強，保健指導などでＩさんのことは知っていました。でもＩさん一人と話をすることは初めてでした。そこで昼休みやそれに続く読書タイムの時間を利用して保健室に来てもらうことにしました。Ｉさんは担任の先生から「保健の先生が用事があるから，保健室に行くように」と言われただけで，どうして保健室に呼ばれたのかわからずに来ました。養護教諭は来室したＩさんに「Ｉさんのことを良く知りたいので少しお話をしたり絵を描いたりしたい」と伝えました。Ｉさんは一瞬，怪訝そうな表情をしましたが，すぐ「うん」と言ってくれました。

　学校での勉強や遊び，通学時の様子や友だちのことを聞いた後で，Ｉさんの心をほぐすために**なぐり描き**をしました。今回はＡ４の用紙の画面を二人で６等分し，その一マスに養護教諭が自由に線を引きます。「線の中に隠れているものがあるんだけど，何が見えるかな？　見えたものを塗ってください」と言うと，Ｉさんはそこから見えてきた模様に色をつけます。

次はＩさんが線を引き，養護教諭が見えたものに色をつけます。Ｉさんが見えたものは，ヨット，リボン，モモでした（口絵５）。

　真っ白な用紙にサインペンで縁取りをしたときにはやや緊張気味なＩさんでしたが，互いに線を引き合うことで"先生もやるの？"という安心感，なぐり描きから見えるものを考える頃には"早く私の番になって"というわくわく感が伝わってきて，夢中になっている様子が見られました。でも互いに順番にというルールがあります。相手のことを待ちながら，真剣に気持ちを表現し合うことが二人の間に安心感を作っていたのでしょう。

　そこからこの三つの言葉を使って物語を作る予定でしたが40分程の時間はすぐ過ぎて，午後の授業が始まる時間になっていました。翌日も保健室に来ることを約束し，ニコニコした表情でＩさんは教室に戻って行きました。

　Ｉさんの家族は，両親と６歳のＩさん，５歳の弟と２歳の妹の５人家族です。学校でのＩさんの様子はわかりますが，家庭生活は全く手掛かりがなかったため，Ｉさんが家族をどのように感じているかを知りたくて「家族で何かをしているところの絵」を描いてもらいました。

図10　動的家族画：オセロ

　これは「オセロをしているところ」（図10）で，真ん中の女の子のＩさんと左のお父さんがオセロをしています。しかし，話を聞いていると，実際にはオセロをすることはあまりないようでした。この絵はお父さんともっと関わりたいという願望なのかもしれません。右端のソファーに座っているのが妹を抱いているお母さんです。お母さんの足元にいるのが弟です。

　この絵から受ける家族全体の雰囲気は，それぞれの人の表情はニコニコ

しているのですが，明るさがありません。家族の表情もみな同じように描かれており，一人ひとりと関わっていない様子です。

　母，弟，妹は一つのグループになっていて，Ｉさんはそこには属していません。しっかりと描かれた手足の指や長い腕は攻撃性を表わしています。中心に大きく描かれたＩさんからは，自分が中心にいたい，という気持ちが伝わってきます。お母さんに抱っこされた妹や，近くにいる弟がうらやましいけれども我慢していることがチックの原因だろうと推測しました。

　このように**動的家族画**からＩさんの家庭での気になる点が見えてきました。お母さんの面接も，どこにポイントをあてて話をすれば良いかがわかってきました。お母さんからも「弟が保育園に行っている間にじっくり話がしたい」との希望があり，話を聞く機会を設けました。

　来室したお母さんの胸には1ミリたりとも離れる様子のない2歳の妹がいました。Ｉさんに描いてもらった絵から，Ｉさんがお母さんと二人の時間を求めていること，弟妹へのうらやましい気持ちを抑えて良い子になっている状況を伝えました。お母さんは，Ｉさんは家では怒るととても怖く，長時間にわたり拗ねるので，Ｉさんに手こずっていると話をされました。

　一方で，Ｉさんとしっかり向き合って抱きしめてあげたいが，途中で弟や妹が割り込んできてしまうので，気にはなっているがなかなか時間がとれないというお母さんの思いも聞くことができました。お父さんは子育てにはあまり協力的ではないようで，そんな中で精一杯子育てをしているお母さんの様子もわかりました。

　Ｉさんとお母さんが一緒にできそうなことを具体的にいくつか考えてみましたが，今は弟妹のこともあって難しいとのことでした。しかし，夏休みに実家へ戻ったときならＩさんと関われる，秋になって妹が保育園に行けば時間ができそうだという見通しを持つことができました。

　その後，チックは出たり気にならなくなったりの一進一退を繰り返しながら2学期の終わりが近づいてきました。その頃にＩさんに再び**動的家族画**を描いてもらいました。Ｉさんの状況が気になったからです。

図11 動的家族画：誕生日のお祝い

　この絵は，妹の３歳の誕生日のお祝いをしているところで，Ｉさんがケーキを切っているところです（図11）。手前の後ろ向きの人物がお父さん，右側手前が本人，上がお母さん，その隣は弟，左上が妹です。描かれた順番は，①Ｉさん，②妹，③弟，④父親，⑤母親でした。

　動的家族画ではどの順番で描かれたのかに注目します。描く人が誰を重要だと思っているかがわかるからです。最初に自分を描いたＩさんは，自分のことを大切に思っていることがわかります。２番目に自分から遠い場所に妹を描きました。Ｉさんにとっては，妹の存在はとても気になっていることがわかります。そして，妹に自分の近くにいてほしくない思いが強かったことがうかがわれます。お母さんは最後になりましたが，自分の一番近くに描きました。

　子どもの絵は，現実にあったことがそのまま描かれるとは限りません。妹の誕生日のお祝いは実際にあったのでしょうが，テーブルにこのように

座っていたのかはわかりません。絵が伝えてくれるのは，Ｉさんにはお母さんが妹よりも自分のそばにいると感じられていることであり，１枚目の**動的家族画**とは大きく異なるところです。しかしお母さんには足がなく，まだ不安感があり，近づきがたい状況なのかもしれません。

　２枚目ではお父さんは後ろ向きで上半身のみになってしまいました。家族の中でお父さんの存在感が薄くなっているのでしょうか。Ｉさんの家族への思いは急激に改善されたとは言えませんが，良い方向への変化が見られましたので，お母さんとの面接は継続せず，担任を通して見守っていくことになりました。

＜Ｉさんの事例から＞ ||||||||||||||||||||||||||||||||||||||||||||||||||||||||||

　子どものチックは家族との関係が背景にあることが少なくありません。そのため，家族との面接が重要になります。そこで，**動的家族画**を実施して，子どもの目には家族がどのように映っているのかを把握することで，話のポイントを決めることができます。

　小学校１年生では，家族への思いを言葉で伝えることはかなり難しいでしょう。**動的家族画**を通して，Ｉさんは自分を見てほしい気持ちを我慢していると伝えてくれました。また，継続して絵を描いてもらうことで変化がつかみやすくなります。Ｉさんの２枚目の**動的家族画**からお母さんとの関係が変化していると理解できたので，養護教諭としても面接を終わりにすることができました。

5 足の痛みは心の痛み──卵から生まれた 恐竜と一緒に成長したJくん（小5）

　小学5年生のJくんは，感受性豊かな少年です。たびたび足の痛みを訴えるので，担任からJくんの様子を見るよう依頼されていました。そのため，保健室に来たときはアートのコーナーで過ごせるようにしました。Jくんは，つい立てで仕切られたコーナーの居心地が気に入り，人目を気にすることなく熱心に**コラージュ**や**箱庭**に取り組んでいました。

　相談当初の**コラージュ**は「安心」と題をつけ，恐竜の卵を貼り「この，卵のカーブが気に入った。この中はとても安心で静かな世界」と答えました。2回目は，殻から出たばかりの恐竜の赤ちゃんを貼りました。「殻をなくしたので今は動けない」と答えました。よちよち歩きの赤ちゃん恐竜を貼り恐竜を少しずつ成長させていますが，まだまだ動けない様子を表現していました（図12上）。

　しかし，同じ頃の**箱庭**では，さらさらした砂の感触を楽しみながら，木々や岩を置き「さまよう恐竜」と題をつけ

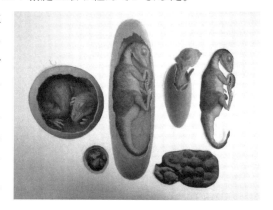

図12　相談当初のコラージュと箱庭

バラバラに恐竜を置いていました。2回目の箱庭では，恐竜を動かし出会った恐竜のにらみ合いや，戦う様子を表現していきました（図12下）。

同じ恐竜を題材にしていますが，**コラージュ**では動けない姿を作り，**箱庭**では恐竜を動かし戦う様子を表現していました。

しばらく経過して作った**コラージュ**は「それぞれの生き方」という題でした（図13上）。丁寧に細かいところまで切り抜き，作成していきました。恐竜たちは，右に向かって歩き出しました。

同じ頃の**箱庭**では題材が恐竜から，優しい動物に変わっていきました。この頃の**箱庭**には，自分だというアライグマを毎回置くようになりました。アライグマの上のヘビの中心に木でできた布袋様を置き「これで安心」と言って寄り添う動物を置いていきました。最後に中心のアライグマを埋め完成となりました（図13下）。

図13　それぞれの生き方

「アライグマ埋めちゃったの？　どうしてかな？」と理由を聞こうとしたのですが「なぜかな？」と本人も理由がわからないようでした。この頃のJくんは，足の痛みのため松葉づえを使っていました。

その後の**箱庭**には，箱のまわりに茶色の木製の七福神を配置した曼荼羅を繰り返し作っていきました。曼荼羅は心が安定したときに表現されることがあります。Jくんの心がだんだん落ちついてきたように感じました。

アライグマは持ち歩き，最後まで大切に扱っていました。

終わり頃の**コラージュ**では，「世界は広い」と題をつけ色を塗りました（図14上／口絵6）。Jくんは，いつもほとんど話さずに，**箱庭**や**コラージュ**にひたすら取り組み自分自身と会話し自分で成長していく子どもでした。しかし，この**コラージュ**を作るときは，家族の話をし，自分の思いを話すことができました。できあがった作品は気に入ったので保健室に掲示したいと言ってその**コラージュ**を自分で貼りました。その後，父親との関係についても自分から望んで話し合うことができるようになりました。

最後になった**箱庭**は，音楽家の母親を意味するのか，弁財天

図14　世界は広い

（右上の隅）に向かって楽器を持った白い陶器の天使がたくさんいます。川を隔てて楽器を持ったふくろうとかっぱが演奏し，大きく口を開けた恐竜たちやさまざまな種類の動物が大きな口を開け大合唱をしている作品となりました（図14下）。Jくんは，自ら**箱庭**を写真に収め満足した様子でした。やがてJくんの足の痛みも少しずつ消え通常の生活にもどることができました。

＜Ｊくんの事例から＞ ‖‖

　Ｊくんはいつもほとんど話さず**箱庭**や**コラージュ**に取り組んでいました。身体的な病気はありませんでしたから，足の痛みは心の痛みだと思われました。Ｊくんの心の痛みが何だったのか，明確にはわかりませんでしたが，卵から生まれた恐竜が歩きだし，世界の広さを実感する様子から，何かがＪくんの心の中で起こっていたことが推測できます。制作そのものが大きな癒しをもたらし，成長をうながすことを示した事例だと思います。

　コラージュは二次元的な表現で，重ねて張ったり自分で色をつけたりすることができます。一方で**箱庭**は砂の感触を楽しんだり，三次元的な表現ができますので砂に埋めたり，川を表現することができます。ミニチュアなので戦う遊びや，同じミニチュアを使えるので，Ｊくんのように何度もアライグマを登場させることも可能です。Ｊくんは自然とそれぞれの特徴を使い分けながら，心を表現していったようです。

　Ｊくんは，つい立てで仕切られたコーナーで守られながらの作品作りから，最後は自分から作品を掲示してほしい，と言うようになりました。家族の話をするようにもなりました。安心して自分を表現できる空間と，自分の気持ちを受け止めてくれる人がいれば，子ども自らの力で成長することを教えてくれた事例です。

6 母親の不安から不登校になった K くんの大噴火 （小1）

　小学１年生のKくんは好奇心旺盛な少年です。入学式の日，母親がKくんを連れて登校し，教室に入ろうとしました。でも教室にいた保護者がこちらを見てヒソヒソ話を始めたので，母親は悪口を言われているように思い，Kくんをつれてそのまま帰ってしまいました。それ以後，母親はKくんを学校に登校させることはありませんでした。

　しかし，Kくんの兄が保健室登校をしていました。そこで，兄を家に送ったとき，養護教諭として家族と会話することができました。母親は「土にさわると線虫が体に入り込むから心配です」と話し，線虫が心配で部屋にこもって生活していました。そのためKくんは幼稚園に通うことも公園で遊ぶこともなく過ごしてきたことがわかりました。

　毎日家庭訪問するうちに，５月には母親が「やっぱり学校へ連れて行ったほうがいいですか？」と話しかけてきました。「お母さんは，どう思われますか？」と尋ねると，「本当は，連れて行かなくてはいけないと思い続けているのですが不安で行けません」と答えました。そこで，しばらく養護教諭が家まで迎えに行き，母親と一緒に保健室登校をすることにしました。

　６月になった頃，母親は級友が保健室に来て図工やグループ学習している様子を見て，安心して学校にKくんを託すことができるようになりました。級友に誘われ，砂場で砂遊びを始めると，生まれて初めての砂遊びに目を輝かせ，もっと遊びたがりました。そこで，保健室で**箱庭**をすることにしました。当時，**箱庭**はまだ普及しておらず，この学校には**箱庭**の箱がなかったので，最初は理科室の運搬箱を利用して**箱庭**を試みました。

　初めての**箱庭**（図15）は，一番に藁ぶきの家を置き，家のまわりに恐竜やヘビを置き，家の中から外に出られない世界を作りました。柵の中に動物の親子を置きながら，「部屋でお母さんと本を読んでいると，お父さ

んに外へ出て来いと怒られる」「お父さんが怒ると，お母さんが一番安心できる部屋の中の大きなタンスに入ってじっとしている」と話してくれました。**箱庭**を作り終えると，まず柵を片づけ，動物を自由に走らせ楽しみながら片づけました。

その後の**箱庭**は，真中に大きな池を作ることが増えました。決まって石を池に置き，「魚や亀さんが石にぶつかった」と言って遊んでいました。作り終わると石から片づけ，広くなった池で「魚や亀さんが気持ちよく遊べるね」と言いながら片づけました。この頃から，担任の先生の努力で，休み時間は級友と遊べるようになり，給食や生活科の授業を教室で受けるようになっていきました。

夏休み明けの**箱庭**では，夏休みに家族で行ったキャンプの様子を作り，楽しかった話をしてくれました。**箱庭**の中には，柵も石もなくなり，装飾品が増えていました。家族との関わりが広がった感じがしました。それか

図 15　初めての箱庭

ら10日ほどたったある日，Kくんは，「今日はどうしても**箱庭**がやりたい」と言って，突然保健室にやってきました。そして，一気に全部の砂を使って大きな山を作り，二匹の恐竜を向かい合わせに置きました。

山は火山だと言って，色画用紙や毛糸を使って噴火の様子を表現しようと苦労していましたが，なかなかうまくいきません。最後にやっと赤いタフロープを使って大噴火を起こさせることができました（図16／口絵1）。山から火を噴かせたあとは，恐竜たちの口からも火をはかせました。その後で置いた恐竜には，大噴火のときの石をぶつけ，やっつけると，満足した顔で家に帰っていきました。

翌日，Kくんは級友と一緒に登校したあと，「先生，これからは教室で勉強するよ」と話し，教室で楽しく過ごしました。それ以来，ぱったりと保健室には来なくなりました。

図16　火山の大噴火

　この事例では，他の子と接触させないという母親の極端な対応に目が向きがちです。しかし，この母親は，自宅で飼っているウサギをウサギの気持ちを考えながら世話をしていました。私はこのような母親自身の健康な面に光を当て，子どもをどう育てたいかという視点で会話をしました。そうすると，この母親は子どもの長所を見つけ，愛情を持って育てていることがよくわかりました。Kくんに母親の素晴らしいところを話すと，嬉しそうに大きくうなずいて，養護教諭が自分の母親を理解してくれていることに満足した様子でした。

＜Kくんの事例から＞

　Kくんは，**箱庭**の中で家から外に出られない世界を作りました。それはまさにKくんが感じていたことの表現でした。しかし，柵を片付け，動物は自由に走り始めました。Kくんは**箱庭**での表現を通して，自分の心を耕し育てていくことができたようです。最後の作品である火山の大噴火では，噴火させたいという強い気持ちをもって何度も作り直し，納得いくまで作品と向かい合っていました。家族の関わりに変化が見られ，閉じ込められていた気持ちは噴火しました。それは"学校で学習したい"という自分の思いを家族に伝えることだったのかもしれません。

　子どもたちは噴火や爆発，あるいは戦いなど攻撃的なテーマで作品を作ることがあります。あまりにも危険な場合は止める必要がありますが，様子を見ながら表現を見守ることも必要です。Kくんは，噴火をさせること，自分を思うままに表現させることができたので，その後は保健室に来ることはなくなりました。担任の先生の話では目を輝かせて学習し，級友に溶け込み，最後は学級をリードするような存在になっていったとのことでした。

第3章

スクールカウンセリングでのアートの活用

　学校には，担任の先生や養護教諭はもちろんのこと，子どもたちをサポートするためにスクールカウンセラー（以下，ＳＣと略記）やこころの相談員がいます。ＳＣは臨床心理学の専門家で，学校での勤務日は週に１〜２日と限られていますが，全国の公立中学校に配置され，主として子どもたちや保護者，教師へのカウンセリングを行っています。最近では小学校や高校への配置も徐々に増えてきています。ＳＣは個別のカウンセリングの他に，心理テスト・描画などを用いた見立てや，心の問題についての講話，地域援助，研究調査なども行います。

　ＳＣが入る前の学校では，子どもは担任や部活動顧問など，話しやすい先生に相談をしていました。しかし，「十分な時間が取れない」「専門的な知識が不足している」「相談しているところを他の子どもに見られてしまう」など，多くの問題点がありました。結局，保健室で養護教諭が病気やケガの子どもの対応の合間に子どもの話を聴くことになり，養護教諭は多忙を極めていました。

　ＳＣの配置にともなって，学校の中の相談室が整備され，子どもたちは悩みをじっくり聴いてもらったり，自分を見つめ，話し合えるようになりました。

　ＳＣは，目の前で起こっている出来事の表面的な意味だけでなく，その問題の背景について一緒に考え，当事者目線で解決法を考えます。本人が困っていることの心理的な背景について，ＳＣが説明することで，「自分が悪いわけじゃないんだ！」と子どもが気づき，不安が解消されることもあります。

　保護者の相談では，普段は話せない子育ての悩みや不安を聴いてもらって心が軽くなるだけではありません。発達の特徴や対応の仕方について専門的な助言を受けることで，子どもへの適切な関わりができるようになることもあります。担任には直接言いにくい学校の対応への不満を，外部性の高いＳＣを介して伝えることで，お互いの誤解が解けて関係が改善に向かうこともあります。心療内科などの受診を勧めるようなデリケートな話題は，教師が直接言うよりも，心の問題を扱うＳＣを介することで，保護者の理解が得られやすくなることもあります。

　そして，カウンセリングの場では，話を聴くだけではなく，子どもたちに絵を描いてもらうこともあります。自分の思いを言葉ではうまく言い表せない子どもや，自分の内面を大人には素直に言い出しにくい，思春期の中学生や高校生が，描画を通して自然な形で感情を開放することができます。その結果，知らないうちに心が軽くなり，心の安定や回復につながるのです。

　保護者や教師に対しても，子どもの描いた絵は，その子どもの状況を客観的に把握するための「窓」としての役割を果たします。元気そうに話をしていても，その子どもの実に淋しい印象の絵は何かのサインです。また，ＳＣが教室を訪れたとき，掲示されている自己紹介の絵から，気になるサインを発している子どもを見つけ，担任と情報共有し，早期に対応できることもあります。

ときには，本人の力では乗り越えられない深刻な問題を抱えた子どもに接することもあります。アートの制作を通して信頼関係を築いていきますが，その子どもの身の上に思いを馳せると気持ちが落ち込むこともあります。そんなとき，逆にＳＣが子どもの作ったアートから勇気をもらい，子どもの内面の変化に感動することがあります。アートには言葉で表現する以上に，子どもの心の内面を伝える力があると実感しています。

1 親の期待に合わせて生きてきた Lさんの怒り（中1）

　中学1年生のLさんは，友だちに感じた不満を自宅でノートに書いてストレスを解消していました。そのノートが偶然，友だち当人の目に留まってしまいました。その友だちから学校に訴えがあり，Lさんは学校から指導を受け，友だちにも謝罪しました。このことをきっかけに，担任の先生や母親に勧められ，相談室にやって来ました。SCは，Lさんにとっては相談室に来ることは不本意なのではないかと思っていました。しかし，Lさんに戸惑いや不安は微塵もなく，当たり前のように堂々と来室し，SCの方が戸惑いを感じました。

　最初の面接では，関係作りを目的に交互色彩分割法を行いました。SCと同じように線をひき，同じような筆圧で，色の選択もSCが使う色を選びました。Lさんのこのような様子から，意識して相手に合わせる生徒だとわかりました。相手に合わせることができるのは良いことですが，自分を抑え過ぎてしまい，上手に自分を表現できず，自分らしく生きることができないとも言えます。相談室に来ても，自分の話したいことを話さず，SCが期待することや興味を持つ話をするのではないか，本当の考えや気持ちを話せないのではないかと危惧しました。そこでLさんには，言葉の表現だけでなく，描画を通して表現することも考えながら，カウンセリングを始めました。

　カウンセリングでは，部活動での不満から家族や家庭での生活へと話題が変わっていきました。Lさんは，両親は塾に通わせ勉強のときはテレビを消すような教育熱心な親だと話します。そして，しきりに姉が賢く勉強しなくても成績が良いこと，自分は一所懸命勉強しているのになかなか成績が上がらず，もっと頑張らないといけないと言います。また，家族一人ひとりがやりたいゲームをしたり，本を読んだりして過ごす家庭のようです。両親は子どもたちのことを大切に思ってくれている，親に対しての不

満は全くないと言いますが，ばらばらで温かさを実感できない家庭のように S C には感じられました。

　そこで L さんをより理解し，カウンセリングのテーマを検討するため，**バウムテスト**，**動的家族画**，**動的学校画**を行いました。

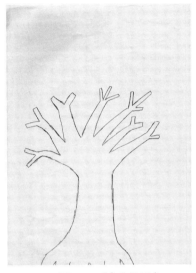

図 17　バウムテスト

　最初に，「実のなる木」を描く**バウムテスト**を行いました（図 17）。何の戸惑いもなく一気に描き上げました。

　筆圧も強くエネルギーが感じられ，幹を太くしっかり描いています。重なった破線の輪郭線は警戒心の表れかもしれません。左側根元の膨らみは，母親からの影響を大きく受けていると理解しました。枝の先は切断されたかのように見えます。

　この絵を描いたのは 12 月で，L さんは，「冬なので葉を落とした冬の木を描いた」と言います。「実は描き忘れた」とのことでした。

　今は葉を落とし実もつけていませんが，これから春を迎え，葉が茂り実をつけるのだろうと S C は想像しました。切断された枝から，母親の過干渉により感情表出が押さえられ，活き活きとした友だち関係や社会とのつながりが阻害されていると感じているとともに，L さんのそれに対する怒りであると理解しました。切断されたとしても，枝葉はそこから伸びていくこともできます。右側の枝が斜め上に伸びていこうとしているように感じられ，L さんの成長する力を信じたいと思いました。

図18　動的家族画

　図18の**動的家族画**は，家族でテレビを見ているときの絵だそうです。しかしながらLさんの話には，そのような家族団らんの話題は出てきません。Lさんなりの両親の間に子どもがいる温かい理想の家庭を描こうとしたのだと思います。

　母親が右下に描かれています。母親はLさんの感情を受け止め支えるというよりは，家庭で主導権を握る存在のようです。母親の隣が姉です。テレビのリモコンを持っているのがLさんです。姉には口が描かれていますが，Lさんには口が描かれていません。Lさんは姉は言いたいことが言え，母親との仲が良いと感じています。Lさんの左隣は父親ですが，Lさんは母親の方を向いています。母親を求めながら，何も言えず母親との心理的距離は遠いと感じているのかもしれません。父親と母親は子どもに関心がないようにテレビを見ています。

　簡単に表現された人物は，柔らかな情緒の豊かさを感じることができず，

また鋭角に描かれた手足に，怒りが表現されていると理解しました。Lさんは，怒りも含めて言いたいことが言える家庭を求めているように思います。

図19　動的学校画

図19は**動的学校画**です。これは自分や先生，友だちが何かをやっているところを描いてもらう描画テストで，子どもの目にどのように学校が映っているのかを理解することができます。Lさんはカラオケの場面を描いたそうです。担任の先生が演歌を歌っていて，Lさんを含む生徒はあまり聞きたくない演歌を聞かされているようです。先生はそれに気づかず気持ち良く歌っています。Lさんは，教師をはじめ大人は全く子どもの気持ちを理解しようとしないと感じているのかもしれません。

　Lさんは右端下に少し小さめに描かれています。Lさんには主導権を取りたいという気持ちがありますが，なかなか自分の思い通りに友だち関係が回っていないと感じていると理解しました。描かれている3人は特定の友だちではないようです。まだ特定の友だちと親密な関係を築くところまで至っていないと，考えました。

　これら3枚の絵から，ＳＣはLさんのこれからのテーマが怒りなどの負の感情を伝えること，そしてそれが受け入れられる体験であると考え，カウンセリングの目標としました。

　カウンセリングでは，母親への不満はないと言いつつも，母親への不満ばかりを話します。対人関係で波風を立てたくないし，面倒なことにしたくないので，誰に対しても従順に過ごしていると言います。Lさんには，批判的なことを言っても，非難されるであろうことを話しても，評価され

ることなく理解され聴いてもらえる体験を重ねてもらいました。

　2年生になったLさんは「いつの間にか自分の言いたいことを言うようになった。そうしている方が楽で，クラスでも部活動でも友だちが沢山できて楽しくなった」と話しました。そこで，友だち関係が充実しつつあることを確認してカウンセリングは終わりとなりました。

＜Lさんの事例から＞ ‖‖‖‖‖‖‖‖‖‖‖‖‖‖‖‖‖‖‖‖‖‖‖‖‖‖‖‖‖

　描画テストはそれぞれ映し出す側面が異なります。Lさんの事例では**バウムテスト・動的家族画・動的学校画**を実施しました。それぞれの描画からLさんに攻撃的な気持ちがあること，それがうまく表現できないことがわかりました。

　そして，**バウムテスト**からは切断されていてもしっかりした大きな幹や枝ぶりから，Lさんの変化の可能性を信じることができました。**動的家族画**はLさんが理想としている家族の姿であり，お母さんを求めながら言うすべのないLさんの姿が伝わってきました。さらに**動的学校画**では，学校でも親密な友だちができていないことがわかります。このように，それぞれの描画テストの特徴を理解し，組み合わせることで，多面的な情報を得ることができます。

　親の期待に応えて生きてきたLさんが，親の価値観ではなく自分らしく生きることは親へ反抗することです。それはとても勇気のいることです。Lさんは，カウンセリングでどのような自分であっても理解されるという体験を重ね，「言いたいことを言うように」なっていったのではないでしょうか。

2 施設で暮らすMくんの心を組み立てる作業（中1）

　Mくんは施設で暮らす中学1年生です。ＳＣが初めてMくんに会ったとき，Mくんは窓の枠にのってニコニコ笑っていました。先生が追いかけると嬉しそうに笑って逃げていました。担任の先生は「まるでサルのよう」と，すばしっこいMくんを追いかけて何とか教室に入るように根気よくうながしていました。そんなMくんですが，相談室にふらっと立ち寄るようになり，定期的な面接を行うようになりました。

　相談室にはコラージュ，描画が自由にできるように，テーブルにはいつもたくさんの用紙と雑誌などが置いてありました。2回目となったこの日，Mくんは相談室にある用紙を取って剣を作り始めました。Mくんが「もう1枚使ってもいい？」と聞いたので，ＳＣは「いいよ。いくらでも，いるだけ使えばいいよ」と答えました。

　施設での生活では十分に自分の欲求を満たすことはできなかっただろうと考えていたので，満足するだけ用紙を与えようと決めていました。そう言うとMくんは相談室の用紙を全部使いそうな勢いで，最後の2枚になったときに描いた**自由画**が図20です。非

図20　自由画

常にバラバラなパーツの絵でした。この頃のMくんは，まさにこの絵のように，そのときの出来事をポツポツと話しては話題が転々とし，自分の気持ちを話すことはありませんでした。

図 21　コラージュ

　図21は5回目の面接で作った**コラージュ**です。Mくんはこの作品を静かに作りました。最初に髪の毛，目，鼻，口，耳，といった顔のパーツをバラバラに切り取り，用紙の左下にそれぞれのパーツを組み合わせて顔を作って貼りました。SCはMくんの作業をじっと見守っていました。最後に長方形の切り抜きを二つ作り，あごを作って顔を完成させました。

　SCが「うまくできたねー」と声をかけると，Mくんは「うん」と答えました。Mくんはその後，その**コラージュ**をじっと見て，相談室の机の下に散らばった切りくずをきれいにほうきで掃いていました。

　今回の**コラージュ**を見ながら，SCはMくんがバラバラになってしまっていた心の中の何かを面接の中で作り直す作業をしようとしているのではないかと感じました。そしてそれを丁寧に受け止めることが大事だと強く思いました。学校中を走り回って先生に追いかけられていたMくんでしたが，この頃からじっと保健室で座っていたり，教室でも静かに座っている

ようになりました。

　コラージュを作った次の面接からMくんは自分の気持ちを話すようになりました。昔，鑑別所に行かされそうになったこと，行きたくないが，悪いことをしていると行かされるかもしれないという不安が語られました。ＳＣはその話を聴きながら，悪いことをしたかもしれないけれども，それをしなくてはいけない辛い気持ちがあったのではないかと，受け止めました。

　あるときは相談室でＣＤの音楽を聴いて静かにソファに座っていたり，眠ったりしました。しばらくすると，Mくんは空想を語るようになりました。空想の内容は「サメのいる海に落とされそうになり，逆に落とそうとしたやつが落ちて死んだ。俺は危ないからやめろといったのに，そいつはやめなかった。それでとうとう死んだ」「友だちがバットで殴られて死んだ。俺はやめろといったのに，やめなくて，殺された」など，悲惨な内容ばかりでした。

　この話を聴きながら，ＳＣは図21の再構成された**コラージュ**を思い出していました。そしてMくんの頑張っても報われない悲しみ，無力感を感じつつ「あなたは，やってはいけないことと，やっていいことを，ちゃんとわかっているということだね」と伝えました。するとMくんはほっとしたように「うん，そう」と答えました。

図22　天下無敵

　図22は，最後の面接にMくんがＳＣのために描いてくれたものです。日々の困ったことを話し合うことが続いていたある日，Mくんとの別れが突然やってきました。その日の朝，Mくんの担任の先生から，Mくんが転校することになったと聞かされました。

まだMくんは知らないとのことで，その日の放課後に本人に話すことになっているということでした。その日の面接はMくんとの最後の面接になると思いましたが，本人にはそのことを告げずに会うことになりました。

　Mくんが「天下無敵の敵ってどう書くんやったっけ。ここに書いて」と言うので書くと，Mくんはその字をサインペンでまねて書き，丁寧に切り取って，別の用紙に貼り付けました。そして周りにハートや星や，骸骨を描き足しました。Mくんは「これは家に持っていって。俺が卒業しても，一生忘れないやろう。これで寂しくないやろう」と言いました。今日が最後になると知らないMくんから，偶然にも最後のプレゼントをもらい，内心驚くとともに，胸がいっぱいになりました。

　放課後，担任の先生から転校のことを聞かされMくんは泣いていました。泣きながら，担任の先生に自分のリストバンドを渡し「これ，俺が帰ってくるまで預かっといて」と言っていました。担任も泣いていました。その後，Mくんは転校先でも元気に頑張っているということでした。

　初めてMくんに会ったときは，校内を走り回って先生から追いかけられることを楽しんでいるようでした。その表情は，関わってもらえる嬉しさで，喜々としているようにさえ見えました。相談室に少し入ってきては独り言のように言葉を発し，スッと出ていくことを何度か繰り返しました。ＳＣは近づきすぎて脅威を与えないように，Mくんの発する言葉にあいづちをうつようにして，安全で守られた空間を作るように心がけていました。

　最後の自由画は文字が書かれています。天下無敵といったかなり誇大な表現ですが，言葉にならない感情を言葉にすることができたように思えました。Mくんが最後の面接で作品をプレゼントしたことは，自分の存在を喜んでいる人がいると思うこと，自分は誰かを喜ばせることができる存在であると思えたことの表れかもしれません。

＜Mくんの事例から＞ ||||||||||||||||||||||||||||||||||||||||||||||||||||||

　子どもたちの作品の中でも，**コラージュ**は雑誌などから切り取ったパーツを組み合わせて表現することが特徴です。バラバラのパーツをいかに組

み合わせることができるのかに，子どもたちの心の状態が表れます。そして作品が自然とまとまってくるときがあり，それは心の中が整理されてきたサインです。

　1枚目の**自由画**は何かわからないパーツがバラバラに描いてある絵でした。それはMくんの心がバラバラでどうしていいのかわからないことを伝えているようでした。2枚目の**コラージュ**は，バラバラに切った顔のパーツを左端に構成しなおすといったものでした。面接の場で，バラバラになったものを作りなおす作業が始まるのかもしれないと感じました。

　今回の**コラージュ**は，Mくんの破壊的な話をこのまま聴いていていいのか，彼の心を守るにはどんな言葉を返す必要があるのか，そういった判断のより所となりました。子どもたちの作品が援助する人たちを支えていると言えるのかもしれません。

第4章

相談機関でのアートの活用

　子ども・青少年のことを相談できる場所にはさまざまな場所があります。そこでは臨床心理士をはじめ社会福祉士，保健師，精神保健福祉士，特別支援教育士など多くの専門家が相談に対応しています。

　子育ての悩みや心配などの相談全般については，自治体保健所の総合相談窓口や子育て支援センター，発達の不安，悩みや障害についての相談は各地域の療育センターや児童相談所があります。

　いじめ・児童虐待・子育ての悩みなどの相談は，市町福祉部の子ども家庭支援課，いじめ・不登校など学校生活に関わることや発達・就学・進路・帰国・出国など，子どもの教育・養育上のあらゆる相談は，県や市町の教育委員会の総合教育センターや教育相談室がよいでしょう。

　学校の問題や不登校相談は，市教育委員会の子ども適応相談センター（適応指導教室）があります。

学校の中での相談だけでは難しい事例の場合は，学外の専門相談機関や大学付属の臨床心理相談室と連携します。

さらに発達や精神的な課題を持った子どもや家庭の相談となると，児相や警察といった行政機関や，医療機関と連携することも必要になります（図23）。

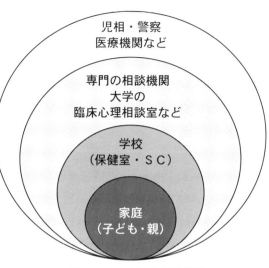

児相・警察
医療機関など

専門の相談機関
大学の
臨床心理相談室など

学校
（保健室・ＳＣ）

家庭
（子ども・親）

図 23　さまざまな相談機関

慣れない場面で話すということは，子どもにすればとても緊張するものです。そこで，リラックスして子どもが話せるような状況を整えることも大切です。また，相談ではあらかじめ学校や家で描いた絵や自由帳を持ってきてもらったり，作品を見せてもらったりします。その絵を見ながら話すこともありますが，最初は子どもとの関係性ができていない状態ですので，あくまでも「よかったら，あなたの絵を見せてほしい」というを姿勢を忘れてはいけません。

どうすれば話してくれるのか，何をきっかけに心を開いてくれるか，様子を見ながらゆっくりスタートしていきます。アートが専門家と子どもをつなぐ大切な役割を果たします。

この章では，市役所の子ども家庭支援課や教育委員会の教育相談室，大学の心理臨床相談室で実際にアートを用いた事例を紹介しましょう。

動的家族画

1 不登校のNさんが描く家族の姿
――スケートリンクから食卓へ（中1）

中学1年生のNさんは，2学期の始業式の次の日から登校できなくなりました。運動が大好きでバスケット部に所属。朝と放課後の練習に参加していましたが，クラブの中で友だち関係が上手くいかなくなったことをきっかけに，朝起きられなくなり不登校になりました。

さらに幼い頃から続いているおねしょがまだあるということでした。これまでに小児科を受診し，お薬も飲んでいますが改善されません。かかりつけ医に相談すると「身体の問題ではなくて心の問題かもしれない」と言われ，市役所子ども相談室へ来室されました。

初めて来室したNさんは，ストレートの髪が似合う真面目な大人しい印象でした。その日はお母さんと一緒に来室されましたが，二人とも身なりにとても清潔感があり，緊張しているようで，ほとんど言葉を聞けませんでした。家族関係の問診票では，Nさんは両親が自分を受け入れてくれると感じているようでしたが，お母さんは，自分の子育てに不安があり，厳しいしつけをしていると思っておられるようでした。そこで背景に家族関係の問題があるかもしれないと考えました。

図24　Nさんの動的家族画1枚目

1回目はNさんとお母さんが一緒にお話をすることになりました。そこで，二人に「家族みんなが何かしている絵を描いてください」と伝えて**動的家族画**を描いてもらいました。Nさんの**動的家族画**（図24）は，円形のスケートリンクの中で家族4人が「向き合って滑っているところ」だと説明しました。そのときの感想を「家族

で行って楽しかった」と話してくれました。

　人の絵はこけしのように首がありません。腕は曲げていますが直立して動きがなく，窮屈そうです。向き合って二重の円の中に家族だけで固まって周りが囲まれています。このように周りを取り囲む描き方を包囲といいますが，これは家族以外の人と関わることが難しくなっている今のNさんそのものです。描いた順番は①弟，②お母さん，③Nさん，④最後に右上にお父さんを描きました。それぞれの距離は離れていて，スケートリンクの上という場所も寒そうな感じがします。この絵を描いているとき，二人は会話することもなく黙々と鉛筆を走らせていました。

　お母さんに描いてもらった**動的家族画**（図25）は，まるで記念写真のように家族4人が正面を向いています。描いた順番は，用紙の左側に①弟がサッカーボールで遊び，②Nさんが真ん中で走っていて，③右下に家族の中で一番大きくお母さんを，そして④右上にお父さんが車に乗って，

図25　母親の動的家族画

離れたところから3人の様子を見ているというものでした。

　この絵の家族はそれぞれが別の活動をしていて交流がないように見えます。Nさんの絵からは外の世界とのつながりがないように思いましたが，お母さんは家族の中の交流がないと感じているようです。お母さんが家族の中で最も大きく存在感があり，子どもたちをリードしているようです。お母さんは携帯電話を持っていますが，誰と連絡をとっているのでしょう。

　Nさんがおねしょをすると，潔癖なお母さんは汚れた物をすべて洗わないと気が済まないそうです。お母さんの苛立ちが表情に表れるため，Nさんは「ごめんなさい」といつも謝っていたそうです。小学4年生の弟もお

ねしょがあり，紙パンツを使っています。お母さんはきちんとしないといけないという気持ちが強く，一所懸命頑張っている様子が**動的家族画**からも伝わってきました。

　Ｎさんとお母さんに**動的家族画**を実施することで，話の中では仲の良い家族と言っておられるものの，絵の中ではあまり交流が見られない様子があること，Ｎさんのこけしのような表現から，心と体のコントロールがうまくできていないのではと考えました。そこで，相談員から家族の話題を取り上げ，「家族一緒の食事はどんなメニューですか？」「週末にはみんなでどこかへお出かけしましたか」「みんなで見るテレビは？」など家族の行動を具体的に聞いてみました。

　お母さんのカウンセリングの日には，ときどきお父さんも一緒に来室されることがあり，家庭での様子を話してくれました。お父さんはがっちりした体格で，いかにもスポーツマンといった精悍な雰囲気です。お父さんはＮさんのおねしょを気にしていないことや，登校しぶりの状態から徐々にサポート室へ通学できていることを喜んでいると話してくれました。両親の会話から家族はとても仲が良くいつも一緒に行動していること，Ｎさんには反抗期がなく育てやすかったのですが，親の顔色をうかがうことが心配であることなどを聴くことができました。Ｎさんもカウンセリングの中でサポート室で過ごす友だちの話や，家族がとても仲が良いことを話しました。言葉数が増え，エネルギーが溜まってきていることがわかりました。

　中3になり，毎日サポート室に通えるようになってきました。再び家族がどのように過ごしているのかＮさんに**動的家族画**を描いてもらいました（図26）。

　Ｎさんは「家庭の居心地がとても良い」と話し，家族が家の中で食事をしている様子を描きました。以前のスケートの絵よりも食事をする暖かな雰囲気があります。食卓を囲む様子は用紙の中央よりやや左寄りに描かれています。描いた順番は，①弟，②お母さん，③Ｎさん，④お父さんの順

図 26　Ｎさんの動的家族画２枚目

番です。食卓の右にはヒーターが，右上にはテレビがあり，右下にはコタ
ツがあります。みんな口を動かしていて，食事をしながら話し声が聞こえ
てきそうな雰囲気です。整然とした中にも暖かな雰囲気が伝わってきます。

　食卓は，安定した家族関係のシンボルであり，Ｎさんの中で変化が起き
ていることが推測されました。この頃には親の顔色をうかがうようなこと
はなくなってきたということでした。Ｎさんが自分の気持ちを言葉で伝え
ることができてきたのでしょう。まだサポート室で過ごすときがあります
が，教室へも少しずつ入ろうという意欲が出てきました。サポート室で受
けた定期試験の成績が下がっていなかったことも自信につながったようで
した。

　Ｎさんが最初来室されたときには，緊張している様子がひしひしと伝
わってきました。それはお母さんも一緒でした。口やかましい様子はあり
ませんが，きちんとし過ぎているような隙のない潔癖な印象のお母さん。

Ｎさんとお母さんそれぞれのカウンセリングで，柔らかな雰囲気に徐々に変化していきました。この頃おねしょの回数がすっかり減っていました。初めに医師から，おねしょが治らないのは「何か心の問題かもしれない」と言われていたそうです。Ｎさんとお母さんそれぞれの１回目の**動的家族画**からは，交流のある家族の様子は感じられませんでしたが，２回目の描画では食卓を囲み話している様子に変化したことと，おねしょが減ったことは関係があるかもしれません。

＜Ｎさんの事例から＞

相談の場面では子どもたちに絵を描いてもらうことが多いのですが，お母さんに描いていただける機会はそれほどありません。しかし，子どもたちの絵が多くのことを語るように，お母さんの絵もまた多くのことを伝えてくれます。

Ｎさんとお母さんの**動的家族画**からは，Ｎさんは家族と外の世界の交流が少ないこと，お母さんは家族の中の交流が少ないこと，同じ家族の一員でありながら，感じていることは異なることがわかりました。ここから，Ｎさんとお母さんにはそれぞれ別のサポートが必要だと判断して，関わっていきました。

Ｎさんにとって思春期の友だちの存在は，彼女が外の世界に飛び立てるように引っ張ってくれる力を持っています。カウンセリング終盤で，友だちと仲良くなれたことは今後に向け大きな力になると期待されます。

お母さんには，家族での交流が増えるように働きかけました。結果的に暖かい家族の雰囲気は，Ｎさんの背中を押す大きな力となったと思います。これまでには，子どもたちの絵をお母さんに見せる事例を紹介してきました。絵は子どもたちだけのものではありません。機会があれば，ぜひお母さんにも描いてもらってはいかがでしょうか。

2「学校は楽しい」と言いながら 不登校になった不安症のOさん（小5）

　小学校4年生までは登校していたOさん，5年生になって休み始めました。2学期からは吐き気があり，口に指やタオルをくわえないと過ごせません。不安が強くなり家族以外の人と接することができず，外出すると頻繁にトイレに行くなどの状態で不登校になりました。心配したお母さんが市役所子ども相談室にカウンセリングの申し込みに来ました。

　Oさんは，小柄で痩せて眼鏡をかけていました。視線は合い穏やかで落ち着いていて，笑うと可愛らしい雰囲気です。カウンセリング中に2回はトイレに行きます。手にはしっかりタオルを握り，ときどき口に当てしばらくするとタオルがベタベタになりました。洋服のコーディネートはおしゃれで，マントやブーツ，ヒールの高い靴，ミニスカート姿に長い髪にはリボンや髪留めをつけ似合っています。おしゃれな装いとは異なり，口元のハンカチがベタベタになってしまう様子には違和感がありました。カウンセリングが始まって，児童精神科医を受診し不安症と診断され，投薬が始まりました。

　「何か困ったことはありますか？」と尋ねると「学校に行けない」と答えます。「どんな先生？」には「1年から4年まで優しい先生だったけど，5年生になってきつい先生」，「どんなことが心配？」には「周りから見て私のテンポが遅い。体育のハードルが苦手。ハードル走で4年の頃何度もころんだ。5年の先生は厳しい。今年に入り組体操があって，逆立ちができなくて。何度練習しても」と絞り出すように話してくれました。

　行きたいと思っても学校に行けない気持ちや，周囲との違いに自信を無くし，不安で仕方がない様子がうかがえました。その後定期的にカウンセリングをしながら，適応指導教室へ通いました。少し元気になると，学校へ月に1回数時間登校し，みんなでスポーツに取り組むチャレンジデーにも参加できるようになりました。

　家庭ではお父さんがうつ病になって職を失い，家にいることが多くなっていました。お父さんは２階の自室にこもり，Ｏさんと弟は１階にいますが，お父さんが降りてくると怒鳴られるので，怖くて緊張すると話しました。

　カウンセリングの中で，風景構成法や動的家族画を描いてもらいました。中学校に入学し，小学校の頃とは違う自分になろうと思い柔道部やテニス部に入部しますが，なかなかうまく馴染めません。中学校では，校内サポート室で終日，二人の女友だちと過ごし，ときどきは教室にも入りますが「教室の中はテンポの速い流行語を話しているので，ついていけない感じがする」とのことでした。

　そこで，学校での様子を理解するために，「学校で友だちや先生と何かしている絵を描いて下さい」と伝えて**動的学校画**（図27）を描いてもらいました。これは仲良しの友だちとカメラに向かって集合写真を撮っている絵です。

図27　１枚目の動的学校画

Ｏさんは中央にいます。右側の男子には目がありません。身体はみんな上半身だけです。同じ服を着ていますが何か浮いているようで安定感がありません。

　また，しばらくして２枚目の**動的学校画**（図28）では，右側半分が，机を挟んで自分を含む女子３人グループで，Ｏさんは右下のセーラー服姿です。「学校では楽しくやっている」と話しますがどの人物にも目と眉はありません。１枚目と比べて女の子の目もなくなり，目が合わせられないのだと想像すれば，Ｏさんは友だちとコミュニケーションができない状態なのではないでしょうか。服装を丁寧に描き，縦線で仕切られた右の世界の友だちは全身に近くなり，少し交流ができているようです。

図 28 2枚目の動的学校画

　左上は天井から見た教室の全体像で「この教室は棒人間ばかり」と話します。クラスの中で過ごすことが難しいＯさんは，交流のない多くの級友を棒人間で表しました。用紙の左下にサポート室の３人の生徒の上半身だけ描き，「この人たちとは別のグループ」と話し，中央線で仕切り別世界のように分けました。必ずしもサポート室の友だちとも良い関係が築けているとは言えないのかもしれません。三つの世界に区分けされ，気持ちの通じ合う場所もあるのですが，Ｏさんにとっての学校生活はまだまだ厳しいものであることが理解できました。

　夏休みになり体調は良くなったのですが，お父さんの厳しい言葉や威圧的態度は，Ｏさんに薬が必要なほどの苦しみでした。あと何分で帰ってくるかと心配で，時計を見る生活でした。高校の推薦入試が近づき，緊張感も高く，ますます薬が手放せませんでした。

　中３の１月，Ｏさんは無事高校に合格できました。しかし，家ではお父

図 29　3枚目の動的学校画

　さんの暴言が激しく，精神的に不安定なお父さんが救急車で運ばれるということが起きました。お父さんの異常な様子を目の当たりにしてからは，薬を飲むことが怖くなり，体調不良を抱えながらも薬を減らす努力をしていました。

　Oさんが高校生になって描いた**動的学校画**（図 29）では，左上に太陽を右上にドアを描きました。人を描いた順番は①ドアの隣に担任，②左下に男子，その右③と④に女子の友だち，⑤に自分を右下に描いて，最後に⑥に補助の先生を描きました。中学の頃の**動的学校画**と比べると，顔には目が描かれ，表情も描きこまれています。最初に担任を描き，信頼している様子は，中学校ではなかったことでした。高校生になっても通院は続いていますが，元気に過ごしています。

　カウンセリングでは，Oさんが描いた絵を通じて自分の気持ちを話すという時間でした。カウンセリングを卒業する頃には，気持ちを言葉で伝え

ることができるようになっていました。お父さんがうつ病を患い，家族みんなが振り回されるような毎日だったとのこと。幼い頃から厳しく叱られることが多く，何事にも不安になっていたのではないかと推測しました。

＜Ｏさんの事例から＞ ||||||||||||||||||||||||||||||||||||||||||||||||||||||||||||||||||||||||

　この事例でも**風景構成法**や**動的家族画，動的学校画**など，たくさんの描画法を使っています。また長い経過の中で変化をとらえるためにも繰り返し実施しました。Ｏさんについては，精神疾患の親を持つ子どもであることが重要な視点です。精神疾患の親を持つ子どもは，理由がわからないまま親の気分に振り回され，何を信じてよいのか混乱し，自責の念に苦しむこともあるのです。しかしながらカウンセリングで支えられ，家族が落ち着くことで学校での関係性も変化する例として今回は**動的学校画**を中心に紹介することにしました。子どもたちは多くの時間を学校で過ごし，学校での友人関係は家族の関係と同じくらいに子どもたちの心を悩ませるものです。

　動的学校画は，子どもたち自身が感じている学校を映し出してくれます。それは先生が見ている世界とは異なるかもしれません。カウンセリングの中で描画を用いることによって，子どもの現実の世界と心の世界を照らし合わせることができると感じています。Ｏさんはクラブ活動を転々としていました。「学校では楽しくやっている」と話しながら，描画ではどの人物にも目が描かれませんでした。Ｏさんの「楽しくやっている」という言葉も受け止めながら，描画が示している心のサインに注意を向けて関わったことが援助につながったのではないかと思います。

3　言葉で伝えることができなかった Ｐさんの秘密（小4）

　田んぼの中にある小学校は，各学年15人ほどの小さな学校でした。通学する子どもたちの家は代々続く農家が多く，三世代家族です。そこへ4年生のＰさん一家が，引越してきました。学校をあげて大歓迎でした。半年ほど経つと，同じクラスの女子のランドセルに付いていたキャラクター人形が無くなるということが起きました。みんなで探しても見つからなかったのですが，運動場の端の草むらからＰさんが「あったよー」となくなった物を持って走ってきました。あまり行かない場所から見つかったので，みんなは不思議に思いました。その後も同じことが続き，Ｐさんの行動を友だちは秘かに疑うようになりました。音楽や体育の授業で教室移動した後，戻って来ると物がなくなっていました。

　6年生の5月には，女子トイレでトイレットペーパーが燃えるボヤ騒ぎが発生しました。先生が気づいてすぐに消したので大事には至りませんでしたが，トイレから走り去るＰさんを見かけたということでした。心配した校長先生から市役所子ども相談室に依頼がありカウンセリングすることになりました。

　カウンセリングは，6年の5月から1学期終わりまでの間，相談員が毎週1回小学校へ訪問し，昼休みに校内の相談室で実施しました。Ｐさんはスラリと背が高く，肩まで伸びた髪を後ろで一つにまとめています。他の女児より大人びた印象です。最初は恥ずかしそうに言葉は少なかったのですが，折り紙をしながら少しずつ心がほぐれていくようでした。

　「実のなる木の絵を描いて下さい」と伝えると，Ｐさんは素早く用紙の下端から幹を描き始め，根はなく，3段のきのこ雲のような木を描きました（図30）。そして小さな実がぶら下がるように描き，木の上の葉が茂っている樹冠の部分を黒く塗りつぶしてしまいました。「これは何の木？」と問うと「う～ん，何にしようかな」と迷っています。思いついたままを

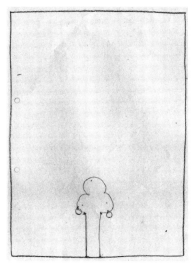

図30　バウムテスト1枚目　　　　　　図31　バウムテスト2枚目

描いたようでした。塗りつぶすという行為からは，何か強く抑え込まれて
いる気持ちが想像できました。

　相談員は「Ｐさん，何か困ったことはない？」と問いかけましたが，
「何にも」と答えるだけでした。しかし，家庭環境を示す根が描かれず，
用紙の下から直接幹が伸びていることから何か問題がある事が推測できま
した。1対1で話ができることは嬉しそうで，クラスのことや，休みの日
には両親と出かけることを話してくれました。

　次にもう1枚，今度は相談員が用紙に枠を描いて「じゃ，この中にもう
一度木を描いてくれるかな」と言って，描いてもらうことにしました（図
31）。1枚目の木とは違いとても小さな木で，樹冠は3段から2段になり，
左右対称に丸い実がぶら下がっています。1枚目と同じく根は描かれず，
用紙の下から直接まっすぐに幹が伸びています。1枚目の木は黒く塗りつ
ぶされていましたが，2枚目は幹と樹冠は区別されないまま描かれ，枝や
葉もありません。根もなくすぐ倒れそうな感じがします。

　枠づけされた用紙に描く木は，守られた空間で心の中が表現されると言
われますが，こんなに寂しそうな委縮した木が描かれて見守っている私も

びっくりしました。誰にも話せないような抑えられた感情があるのでしょうか。鍵穴のような形の木は敵意の気持ちの表れとも言われます。寂しく，萎縮しながら，誰ともうまく関われずに攻撃的な気持ちになっているのかもしれません。担任の先生に尋ねると，口にこそ出さないのですが，級友たちはPさんに不信感を抱き始めていて，今まで遊んでいた友だちもPさんを避けているようでした。

　1学期の最後に**風景構成法**を描いてもらいました（図32／口絵3）。時間の都合で，完全に仕上がらない途中の状態で終えました。真ん中に大きな「川」が横たわり，用紙の上に「山」が連なっています。「田」は，地面ではなく山と山の間に空に浮かんだように描かれ，山の頂上は黒く塗られています。左上に半分の太陽が出ています。「道」は川と並ぶように描かれていますが，若干上に蛇行し，左右に棒状の「人」が描かれていて賑

図32　風景構成法

やかな様子です。左下に黒くびっしり敷き詰められたのは「石」です。奇妙な山が連なり，山の間に尖った木が立っており，空の上に田んぼや家が描かれていることも景色の中での違和感を与えます。また左下にびっしり積み上げられた黒い石を見た瞬間，私の中に声にならない異様な重い気持ちが沸き起こりました。「何か困っていることはある？」の問いに，Ｐさんは今回も「何も」と答えました。しかし，心の深いところに重い気持ちを秘めていることが伝わってきました。

　その後，Ｐさんとカウンセリングする機会はありませんでしたが，中学校へ進学し，元気に登校していると風のたよりに聞き安心していました。しかし，高校生になったＰさんが，自分から児童相談所へ電話し「お父さんから虐待されているから助けて欲しい」と助けを求めたことが，児童相談所の問い合わせによってわかりました。**バウムテスト**や**風景構成法**の描画の異様な雰囲気を思い出し，Ｐさんの抑え込んでいた秘密とはこのことだったのかとそのときになって気づかされました。

＜Ｐさんの事例から＞

　今回は２種類の**バウムテスト**を使いました。用紙に枠を付けてあげることで，心の内が表現しやすくなると言われます。１枚目の木で塗りつぶされた心の声を聴きたくて，用紙に枠を書いて２枚目を実施したところ，とても辛いＰさんの様子が伝わってきました。

　小学６年生のＰさんは，「何か困ったことがある？」と質問しても，家族のことを何も話してはくれませんでした。しかし，奇妙な**バウムテスト**や異様な**風景構成法**は，彼女の心に何か起きていること，言葉にできない問題があることを伝えていました。木を黒く塗りつぶすように，心にふたをして，寂しく萎縮しながら生きてきたのでしょう。

　虐待の中で生きている子どもは，親からの虐待に声をあげることができません。言葉での表現に限界を感じるとともに，子どもが描いた絵を受け止めることの大切さを教えてくれた事例でした。

箱　庭

4 枠のある世界で自分を成長させた
自閉症のQさん（小1）

　ここで紹介するのは，言葉が出るのが遅く，自分の思いを言葉では充分に表現できなかった子どもが，周囲の適切な支援により，自分の成長のペースに合わせて，ゆっくりとですが思いを表現できるようになっていく事例です。

　Qさんは3歳のときに自閉症の診断を受けました。こだわりが強く，予定が変わるとパニックを起こすため，母親はそうならないよう工夫しながら関わってきました。小学校入学をきっかけに，もっと良い関わり方ができないものかと母子での面接を希望して相談機関へ来ました。

　Qさんは15〜16人が在籍する特別支援学級に通学していて，クラスの友だちの名前を言えます。算数と音楽は普通学級で受けています。行動の特徴としては，やりたいことがあると，それに対して一直線になること，毎日繰り返されている「○○をしてから△△をする」という流れ（勉強，ご飯，お風呂など）は理解できますが，それが変更されると困ってしまい，新しいことは理解しにくいという点があげられます。人との関わりでは，相手の言うことはわかっていても，自分からすぐに言葉で返すことが難しいようでした。でも，自分がしたいことは短い言葉で，「動物園行こ」「プール行く」などと言えますし，相手の言葉を繰り返して言うこともできます。担当者は，彼女のプラス面を生かして課題を設定し，しばらくはQさんに寄り添った関わりを心がけることにしました。

　最初の頃は緊張していて，担当者を意識しながらも視線を合わせることはできませんでした。部屋のカギの開け閉めを繰り返したり，相手の言葉のオウム返しなど，自閉症の特徴とされる行動が多く観察されました。目の前にあるものを見たり触れたりする遊びが好きで，バランスボールに乗ったり，ホワイトボードになぐり描きをして楽しんだりしていました。少しずつ担当者と視線が合うようになり，「ボールのる」「これかく」など，

自分がしたいことを短い言葉で話すようになってきました。

図33　箱庭：お気に入りのものたち

　また，**箱庭**にも興味を示し，毎回ではありませんが多数の作品を作りました。「お気に入りのものたち」は，彼女が初めて作った**箱庭**です（図33）。まず，大きな人形（象，虎，ライオン，コブラ）を箱に置き，砂を体や口にかけます。次に，人形を無造作につかんで「ここ，入れる」と真ん中に置き，ミニチュアが置いてある棚一つ分を空にします。反対側に少しあった空間に「お花はここ」と敷き詰め，その上にも積み上げます。途中，**箱庭**の砂を外に出そうとしたので「ここの中だけでしようね」と担当者が止めたところ，「ここん中だけ」と繰り返しながらミニチュアを積み上げました。

　一見，手当りしだい無造作に積み上げたように見えますが，**箱庭**を続けていくうちに，これはQさんの心の世界を表していることがわかってきました。**箱庭**の中にうず高く積み上げられたミニチュアからは，心の中に多くの刺激が取り込まれたまま整理されていない状態であることが読み取れました。担当者はこのように雑多なものが入り混じって混沌としているQさんの心の世界を，少しずつ整理・整頓していこうと考え，Qさんにもわかりやすい関わり（例えば，今日の予定をホワイトボードに図で示す，指示は一つずつ出すなど）を心がけました。

　次の箱庭では，これらの中から動物（象，虎，キリン）を選んで置き，動物園を作りました。**箱庭**の中の動物どうしは，別々の方向を向いて置かれています。

　この時期のQさんは，片付けの時刻に母親が入ってくると，**箱庭**に置いた蛇の口に砂を振りかけるなどして，自分の怒りの気持ちを表現していま

した。さらに次の回では，母親が迎えに来ると雨雲を置きました（図34）。まだ言葉で表現するところまでは来ていませんが，Qさんは「まだ帰りたくない！」という自分の意思を，「雨雲」のミニチュアを雷に見立てて，はっきりと母親に伝えることができたのです。

図34　箱庭：帰るのイヤだ

「動物園とピアノ」（図35）は，砂の感触を楽しんだ後，キリンを立たせ，「象，パオーン」と言いながら象を置き，他の動物や草花，ピアノ，滝，滑り台なども置きました。目に入った好きなものが**箱庭**に並べられているようで，最初の山盛りの**箱庭**にあったフィギュアが少し整理

図35　箱庭：動物園とピアノ

された形となっています。しかし，動物たちはそっぽを向いたり，向き合ってはいるものの，かみ合っていない2匹の象だったりと，Qさんの現実の対人関係を表しているようにも見えました。

　回を重ねるにつれ，Qさんは面接の場が楽しいとわかり，「もっと遊びたい」との思いから，部屋から出るのを嫌がるようになりました。帰るときに受付にあったぬいぐるみを手当たり次第に投げ，担当者を叩く・蹴るなどします。担当者は，これらの問題行動を社会でも認められる行動へと変えていくため，終了時には担当者との触れ合いタイムを設け，叩く行動は抱きつく行動へと変え，抱きつく時間を縮めながら，さらにお別れの握手へと変えていくなどの工夫を重ねていきました。

2年生になってからは，型にはまった対応をすることで，Qさんの心の中に"枠のある世界"を作ることを目指しました。面接の始めに，①お母さんと離れる，②入室・スケジュールの確認，③遊び，④片づけ・退室，⑤母との再会という予定をホワイトボードに図で示し伝えることをパターンにしました。日常生活でQさんは「何か問題を起こし，周囲の人にかまってもらう」ことを繰り返していましたが，担当者はそれらの行動に巻き込まれないように心がけました。その結果，叩く，ツバを吐くなどの反抗的な行動が一時強まりましたが，"タイムアウト"という時間制限を設け，時間がきたら，いくらしぶっても担当者とお別れをするという方法を繰り返し，Qさんが社会的にも許される行動を身につけることを目指しました。

　2年生のQさんは，クラスにも慣れ，自分の周囲の人たちのとらえ方も広がってきたようでした。面接ではホワイトボードに知っている人の名前を書く遊びを好み，担任やデイサービスのスタッフ，担当者など，自分とよく関わっている大人の名前が書かれるようになりました。

　そして，**箱庭**には家族3人らしき動物が登場しました。パンダ（自分），コアラ（母），ゴリラ（父）の3匹は川の字になって寝たり，公園で遊んだりしていましたが，最後にコアラは巨大な魚に飲み込まれてしまいます。

それはQさんを心配するあまり，先回りしてやりたいようにやらせてくれない母親に反発したい気持ちの表現とも思えました。その後もパンダとコアラは入浴，寝るなどの行動を共にし，密着する母子の様子がうかがえました。

　図36（口絵9）の「花と動物とベッド」は，図35の

図36　箱庭：花と動物とベッド

「動物園とピアノ」に似ています。最初の**箱庭**にあった山盛りのフィギュアが少し整理された形で並べられているという点では同じですが，図36では間に置かれた木によって，動物の世界とベッドのある人間の世界が区切られています。**箱庭**は，単にフィギュアを置くだけの世界から，物語が感じられる作品へと変化していきました。さらには，面接や母親の変化を通じて，Qさんの心の中に"枠"が作られ，彼女の心の世界が少しずつ整理されてきていることが見てとれます。

　Qさんの内面で少しずつ物事のとらえ方が整理され，行動にも良い変化が見られました。整理されたものがつながって，表現できるようになりました。母親はそのことについて「いろいろな感情が出てきて，最近，子どもの表情を見ているとかわいいなーと思える」と話してくれました。Qさんはしだいに他者への関心を強く示すようになり，これまで密着していた母親とは適度な距離をとろうとするなど，精神面でも社会生活面でも成長が認められました。その後，Qさんは彼女なりのペースでゆっくりとですが成長し，Qさんの小学校卒業と同時に面接は終了しました。

　〔この事例は今村真実他（2010），八田純子他（2014）の論文をもとに，箱庭療法を用いた箇所を中心に再構成したものです。〕

＜Qさんの事例から＞ |||||||||||||||||||||||||||||||||||||||||||||||||||||||||

　Qさんは自閉症の診断を受けてはいたものの，来室当初から視線が合う，新しい場面への順応が早いなど，それほど重度ではないと考えました。しかし，自分がしたいことを短い言葉で言えますが，自分の状態を伝えることはできませんでした。そんなQさんの心の世界を**箱庭**が伝えてくれました。**箱庭**制作はQさんのもやもやした気持ちをスッキリさせるとともに，Qさんの心の中がたくさんの刺激でいっぱいになっているのであれば，枠組みを作り整理しようという面接の方向性を示してくれました。このように継続的にアートをすることで，心の整理される様子が視覚的に理解できます。

5 話すことが苦手なRさんとSさんの 描画を使った交流 （中1）

　Rさんは，幼稚園の年長さんの頃から教育相談室へ通っています。最初は自分から話すことはほとんどなく，聞かれることに一言二言で返事しながら，描画，人形遊び，箱庭，ビーズ遊び，折り紙などで静かに座って遊んでいました。

　小学校へ入学した後も学校の人間関係や家庭生活についての相談を受けました。学年が上がると共に，それまで相談室では無口で手芸的な遊びをしていたRさんが，自分から学校や家庭での不満を話すことが多くなりました。

　中学年の頃には「自分は友だちができないダメな子，勉強もできない」「学校で話しかけられてもうまく話せない」「みんなはできることが自分だけできない」と自分を否定するような訴えが多くなり，将来への不安を話すようになりました。

　Rさんの「友だちが欲しい」という思いを受け取り，別の学校に通う同学年のSさんと一緒に遊ぶことを提案しました。Rさんは「友だちになれるかな」と不安そうでしたが，「一度会ってみる」と言ってくれました。Sさんに声をかけると，すぐに関心を示して同意してくれました。

　初回の様子は，友だちと一緒に遊んだ経験のないRさんは，Sさんから誘われるままに，今まで試したことのないフラフープや縄跳び，けん玉など体を使う遊びをまねしてやっていました。感想を聞くと，二人共に続けたいとのことでした。そこでRさんが自信をもって取り組める描画を取り入れることにしました。Sさんも抵抗なく取り組める描画にするために，なぐり描きの線から連想できるものを描く方法を取り入れました。

　二人には，それぞれに八つ切り画用紙を渡し「1本のぐるぐる描きを描いてください」と伝えて，描いたぐるぐる描きを交換して「それから連想できるものを描いて絵にしてください」と声をかけました。二人はゲーム

感覚で楽しんでいるようでした。それぞれ描き終わるペースが違うので，描き終わったら相手の邪魔にならないよう好きなことをして遊び，相手が描き終わるのを待つことにしました。いつもSさんが先に描き終わりましたが，Rさんは自分なりのこだわりであわてる様子もなく，細かいところを直しながら描いていました。

　二人の絵が完成したところで，お互いに見せ合って鑑賞し合いました。どちらかから自分の描いた絵を説明し，相手が質問することに答えます。相談員も質問し，肯定的な意味合いが伝わるように心がけました。さらに，その絵についての感想を伝え合うこともしました。これは自由に話すことが苦手なRさんが，少しでも自分の思いを話しやすくするために，会話の場面をある程度パターン化して話しやすくする狙いがありました。

図37　Rさんのなぐり描き

図38　Sさんのなぐり描き

　初めての**なぐり描き**の交換では，RさんはSさんが真ん中に描いた斜めのぐにゃぐにゃの線を基に蛇を描きました。その周りに池や花，お日さまを描き，実のついている木を描いて，「蛇が木の実を食べようとしているところ」と説明しました（図37）。Sさんが先に「私の描いたぐにゃにゃの線を蛇にするのはすごいと思いました」と感想を言うと，RさんはSさんの絵（図38）について「私の小さな渦巻きの線からかたつむりを思いついたところがいいと思いました」と，Sさんの話し方を真似て話すことができました。こういうところがSさんとの交流のメリットです。

　Rさんの友だち作りの一助として**なぐり描き**の交換による描画を始めま

したが，8回ほど経たところで，Rさんの自己肯定感が回復しつつある様子が描画に現れ始めました。そこでさらに，具体的な関わり方に目を向けるきっかけになることを期待して，二人でテーマを決めて一つの絵を完成させる**共同絵画**を提案してみました。

テーマは，ちょうど学校で練習が始まっていた運動会になりました。四つ切りの画用紙に二人で描いていきますが，相談することなく何となくお互いに描く絵を見ながら，相手が描いていない種目の絵を描いていきました。相談員はそれぞれに何の絵を描いているのかを聞いて，暗にお互いに確認し合うことを勧めようとしましたが，二人とも黙ってそれぞれのペースで描いていきました。

描画後の感想を聞いたところ，相手が何を描こうとしているのかは見ればわかったので，聞く必要がなかったとのことでした（図39）。それより描く場所に気を遣い，難しかったということでした。相手の描画と一緒にならないように気遣うことはできても，何を描こうとしているのか，どの

図 39　運動会

くらいの場所を使うのかなどを自然な形で聞き合うことは全くなく，コミュニケーションの取り方がまだまだ不十分であることがはっきりしました。

　それぞれ，相手に邪魔にならないように描こうとしていましたので，左の上下にＲさんの絵，右の上下にＳさんの絵と，四隅にだけ描かれて真ん中がすっぽりと空いていました。先に描き終えてしまったＲさんの発案で真ん中に運動会の文字を入れて，なんとか構図のバランスが取れました。

　１枚の紙に二人で同時に描くのは難しかったという二人の感想から，次の絵は同じテーマでそれぞれに描いた後で，完成したら二つをつなげて一つの絵にしようという試みをしました。

　二人ともそれぞれの学校から山の学習に出かけるので，それをテーマにし，キャンプファイヤーの場面を描くことになりました。描き始める前に八つ切り画用紙を横につなげて，中央にキャンプファイヤーを描く位置を決めてから１枚ずつにして描き進めました。ファイヤーの火も二人それぞれ半分ずつ描いて後でつなげると一つのキャンプファイヤーの火ができあがるという相談をしてから描き始めました（図40／口絵４）。

　Ｒさんが左側，Ｓさんが右側を描いています。ＲさんはＳさんが描いたファイヤーダンスをしている人を自分の絵にも取り入れて，二つの絵の統合を図っているところに注目したいと思います。キャンプファイヤーの薪の部分にもその意図が汲み取れて，二つの絵がつながったときに一つの

図40　キャンプファイヤー

キャンプファイヤーの絵となるように意識して描いていました。友だちに話しかけられてもうまく応えられないと悩んでいるＲさんが，描画の中では言葉で応答するよりもうまく相手に合わせることができていました。

＜Ｒさんの事例から＞ ‖‖‖

　言葉による交流が苦手なＲさんの「友だちが欲しい」という切実な思いに応えようとして始めたＳさんとの描画による交流でしたが，描画の力を改めて認識することができました。

　描画は完成したときにはっきりと目で確認できます。相談員がＲさんの意図を確認し，Ｒさんの言葉には出さない考えを勇気づけることで，他者との関わり方に自信を持つことを期待しました。

　今回の事例では**なぐり描き**という描画の交換が，他者と関わる一つの方法として自信をもつきっかけとなりました。さらに**共同絵画**に発展させたことで他者の思いに目を向けることができました。

　言葉によるやり取りが苦手でも，Ｒさんは描画の中で一歩を踏み出し，相手に応え，合わせていく体験となりました。

　これまでにも関係作りのアートとして交互色彩分割法などを紹介しましたが，この事例は子どもたち同士の関係作りにアートが利用できることを示した事例と言えるでしょう。

第5章

特別支援におけるアートの活用

　学校生活に適応することが難しい子どもの中には，自分が何に困っているのか，何がつらくて友だちとうまく関われないのか，自分でもわかっていない子どもがいます。「○○がイヤだから学校に行かない」という訴えがあれば，そこを糸口に学校や相談室で一緒に考えていくことができます。でも，何となくいらつく，落ち着けない，みんなとリズムが合わないなどの場合は，無理に集団の中に連れ出しても，なかなか解決に向かえないこともあります。

　そんなときにアートは，保健室や相談室まで行かなくてもどこでもできる手軽な方法です。アートでは，これまで取り上げてきた描画法のほかにも，その場やその子に合わせたさまざまな活用が考えられます。子どもが遊びの中で自由に描いた絵やなぐり描き，気に入った写真やイラストを見て描く模写，トレーシングペーパーで写し取る写し絵，市販品などの塗り絵，立体作品の折り紙や粘土細工などもあります。

　また，場所や場面も，教室での休み時間に，家庭で母親や家族と一緒に，自室で好きな時間になど，子どもの好む素材や方法で行われることで負担感なく楽しんで取り組むことができます。時間をかけて完成することでその過程を味わい，落ち着きや安らぎ，満足感が得られます。できあがった作品を仲立ちに周りの人との会話や交流が生まれます。そして，その作品を周りの大人がちょっと注意深く見てみることで，子どもの表面に表れていない気持ちやメッセージが読みとれることもあるのです。

　子どもが学校生活の集団になじめない，授業に参加できないという場合は，発達障害も含めて軽度の難聴や言語障害など，親や本人も気づいていない困難を抱えている場合もあります。地域の専門病院や保健センターで

検査を受けることで，障害の程度，障害とまでは言えなくてもその子ども独特の傾向や癖などが明らかになり，その後の適切な支援につなげていくことができます。家庭や学校で配慮したいことが具体的になり，早めに対応することで，子どもが自然に元の生活に戻れることもあります。また，何らかの特別な支援が必要であれば，市町村の教育相談や特別支援学校に配置されている特別支援教育コーディネーターに相談したりすることで，その子にとって最適な支援を考えることができます。

　普通小学校，中学校で受けられる特別支援では，別教室への通級による指導，支援員や相談員による個別の対応などがあります。特別支援学級は，小・中学校の中に設けられる障害の種別ごとの少人数学級です。障害の程度が重い子どもの通う特別支援学校では，幅広い教育課程による手厚い支援態勢が整っています。大集団でも少人数教室でも，その子なりに周りの人との関わりを結び，さまざまな経験を重ねて成長していけるよう，環境を整えることが重要になっています。しかし，どんなに学習環境を整えたとしても，自分の気持ちをうまくコントロールすることは，子どもたちにとっては難しいことです。誰かに伝えたい，わかってもらいたい，でも表現手段が制約されている場合もあります。

　特別支援の教室では，子ども一人ひとりの状態や課題に応じて，授業の中でアートセラピーや音楽療法の考え方を取り入れた活動が多く展開されています。言葉にならない不安や落胆，あるいはあふれるような喜びなどが何らかの方法で表現できたら，心が解放され自信を取り戻すことができます。中には，絵を描くこと，作品を創ることに自分の道を見出し，その作品がアウトサイダー・アート，アール・ブリュット（生の芸術）として社会の多くの人の関心を集めている場合もあります。放浪の貼り絵画家，山下清がその一人としてよく知られています。

　どの子どもにとっても，存分に好きなことを描いたり作ったりすることができれば，そしてそれをきちんと受け止めてくれる人がいれば，そこから前に進む手掛かりが見えてくる，そんな事例を紹介します。

1 不登校のＴくんが作った 紙工作のロボット (小6)

　学校では，母親から離れられない，登校はできても教室には入れない，反対に教室で暴れる，すねる，飛び出す，友だちと喧嘩をして教室に入れなくなる，いじめられるなど，決められた場所に連れて来て落ち着かせること（クールダウン）から始めなければならない場合があります。子どもたちは，パニックになったり，固まって動けなくなったり，「（何もかも）嫌だ」「知らん」「わからん」「面倒くさい」という言葉も聞かれます。気持ちを切り替えることができずに，前に進めなくなってしまうのです。

　子どものほとんどが「言葉」を失っていて，周囲の者がどんなに語りかけても「言葉」は届きません。そのような子どもの心に届くものの一つに，種々の昔遊びがあります。伝統的な昔遊びは，いろいろありますがこの10年間に実践し，効果的だった遊びを紹介します。

(1)　折り紙遊び

　色紙の大きさは定番であれば子どもの手にも扱いやすく，色は豊富で，柄ものもあり，子どもが自分の好みで選ぶことができます。丸めたり，破ったり，切ったり，貼ったり，折ったりと素材の柔軟性があり活用方法が多様です。制作の手順にルールがあり，完成までに安定性があります。

　さらに，**折り紙**の本には折り方として，まず初めに完成作品が提示され，それから紙を折り進める順番が示されています。この親切な制作の過程は子どもにとってつまずきが少なく楽しく折ることができます。

　クールダウンのために相談室に来た子どもは，椅子に座り込んで動かなかったり，片隅にうずくまったりしています。教室の環境には全く気がついていません。そこで指導員は「ねえ，これ見て」と声をかけて，展示作品に注意を向けさせ，「どう思う？」と関心を引きます。何もしたくない，殻にこもった子どもは，四角の色紙を無言で無造作に取り上げ，意図なく

折っていきます。最後はくしゃくしゃに丸めてごみ箱へ捨てる子どももいます。関心を示さないときは，目の前で動く**折り紙**の一つ「こま」を作り，回して遊んでみせます。次第に「これ（展示してある作品）何？　折り方を教えて」「折り紙がしたい」「ツルが折りたい」などと言ってくる子どもが出てきます。中には，「折り紙の本はないの」と，一人で折ろうとする子どももいます。**折り紙**は，言葉が心に届かなくなった状態のときに，心を繋ぐきっかけ作りとして最適です。

　色紙を使った**折り紙**は，その作品ができ上がる過程に，子どもをサポートするポイントが数多く含まれています。子どもが手にした色紙の"色"は，いろいろな話題を提供し，イメージを広げるきっかけになります。また，**折り紙**は折らないと作品になりません。本を見て折り進められる子どももいますが，教えてほしいという子どもがほとんどです。指導員は，本を開き，順番に折り方を教えます。ときには完成作品を見本にして，順番に開いて壊していくこともします。壊していく過程では子どもの「あ！」という表情や「そんなことしなくてもいいのに」という声もあがります。日常生活では体験することができない「壊す」体験が**折り紙**では可能です。

　それから，再び折り方を一つひとつ見せながら，子どもとともに折っていきます。折っていく過程を見守りながら，言葉かけをします。間違っていれば手を貸して，自分一人で折り進められるように配慮します。折り進めて作品が完成すると，短時間でも折る作業に没頭したせいか，子どもはスッキリとした表情になっています。

　この過程で指導員と子どもとの距離は縮まり，接近してきます。**折り紙**の折り方に関しては，指導員の指示に従ってくれるようになるのです。気持ちが落ち着いて感情の高ぶりも徐々におさまります。気持ちがほぐれ穏やかになってくると，指導員にも子どもの心地良さが伝わってきて，会話が一つ，二つと成立してきます。一人で折り進めることも増えてきます。わからない折り方の箇所では，「教えて，○○のところがわからない」と助けを求める言葉が出てくるようになります。このように，子どもは折り

紙遊びを通して自分の気持ちの動きを短時間で指導員に伝えてきます。折っていく過程で子どもが楽しみながら心のコントロールを取り戻していくことがわかります。

　活動の広がりの中で、**折り紙**からオリジナルの立体折り紙に移っていった例を紹介しましょう。教室での友人関係に悩み、不登校になったTくんです。Tくんは、休み時間に相談室に遊びに来た低学年の子どもに「折り方を教えて」と頼まれ、以後自分でも折るようになりました。

　相談室に来た頃の作品は「ゴミ捨て場に集まる昆虫たち」でした（口絵7）。自分自身は「コイン」として描かれています。教室になじめない自分の居づらさ、違和感が伝わってきます。そこで、登校した日は、束縛を感じさせないように自分で選んだ授業参加にして、教室への入りづらさを緩和するために、時間になれば級友が誘いに来て一緒に教室に行く、という流れを作りました。そして相談室に帰ってくると教室の様子に軽く触れ、わからなかった学習の整理をする、といったリラックスした時間を設けました。

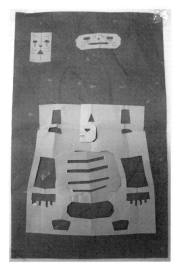

図41　切り紙：ロボット

　図41は「ロボット」というタイトルで、マスクとロボットが**切り紙**で作られています。この作品は、教室で半日を過ごせる日が週1、2回できるようになった頃、教室で休み時間に作られた**切り紙**です。手持ち無沙汰になったとき、遊ぶように持たせた折り紙で作ったものです。相談室に持ち帰ったとき、台紙はありませんでした。Tくんは、相談室にある紙の中から折り皺のある包み紙を選び、貼ってから見せてくれました。悲しげな表情のマスク、自分の頭は胸に埋まっています。心と体がかみ合っていないため疲れて縮こまったロボットの姿に見えます。

担任と相談して，参加する教科については事前に内容の説明をすることや指導を受けた級友が誘いに来ること，教室の座席配置，グループ編成などに配慮してもらうことにしました。

図42は落ち着きが出て自分の教室にいる時間が多くなった頃の**紙工作**の「ロボット」です。自分自身を立体のロボットに表現しています。この作品は，相談室で作りました。材料は薄口の**折り紙**なので作業に手間取りながらも丁寧に作っていました。このロボットを見て，私は胸をつかれました。きちんと装着を整え

図42　紙工作：ロボット

たロボットは，弱々しく力のないTくんの健気な姿でした。教室という戦場に出向き，やり直すぞと立ち向かう一途な思いが一体となったロボットです。Tくんとの会話や教室での言動観察，担任からの報告を注意深く受け止め，Tくんに「それでいいよ」と自信をつける言葉かけをして，後押ししながら行動を見守る時期でした。

　折り紙は相談室だけでなく休み時間の教室で使うなど，環境が変わっても自分の好きなように作り，クールダウンできる手軽さがあります。また，過去の作品を眺めながら同じ質問を繰り返しても，子どもから返ってくる答えは同じではありません。子ども自身が作品を客観的に眺め，簡潔な言

葉で振り返ることがあり，足踏みを続けているように見えても子どもは前進していることがわかります。

　でき上がった作品は子どもの許可を得て，壁に張ったり，棚に置いたり，アルバムや冊子にしたり，集合作品などにしたりして残していきます。このように作品が展示してあると，子どもが自分の制作の参考にすることができるので，その世界に導かれやすいのでしょう。

　通室を重ね，終盤になると子どもは自分の作品を「壁に貼って」「先生にプレゼントする」と言うようになってきます。そして，子どもの活動は，自分の教室へと移行していき，相談室への来室は減ってきます。ときどき来て，笑顔で帰っていく，そして廊下で出会ってあいさつするだけになるのです。こうして子どもは自然に自分の本来の居場所である教室へと戻っていきます。

＜Ｔくんの事例から＞ ||||||||||||||||||||||||||||||||||||||||||||||||||||||||||||||||

　Ｔくんはたくさんの昆虫を作り，それを貼りつけて作品を完成させました。折り紙がＴくんに合っていたのか，切り紙，立体作品へと発展させていった事例です。

　他のアートと同様に作品には子どもの心が映し出されます。昆虫が集まるなかで，コインとして表現されたＴくんの教室になじめない違和感が伝わってきます。切り紙のロボットはやや悲しげであまり力を感じられません。しかし，最後の立体のロボットは教室という戦場でがんばっているＴくんの姿であり，決意表明として受け取りました。

　「言葉」を失っている子どもとの関わりには，制作の手順がある折り紙がほどよい距離感を作っているのかもしれません。折り紙を介した指導員と子どもの穏やかな関わりは，子どもたちの心を安定へと導きます。折り紙に込められた先人たちの豊かな創意工夫を大事にしながら，子どもに愛情をもって教え，伝え続けていきたいものです。

2 不登校のUくんが見せてくれた 正確な模写（小4）

　Uくんは小学4年生の男の子です。以前から学校を休むことが年に数回ありましたが、4年生の6月ごろから「嫌なことを言われた」と言って登校しない日が増えました。お母さんからすれば、それほど嫌なことを言われたとも思えません。おしゃべりは好きですが、ちょっとしたことにも怒ってしまうところがあるからです。担任の先生に相談したところ、友だちから言われることもなくなり、夏休み前までは登校することができました。

　しかし、二学期に仲の良かった友だちとの喧嘩がきっかけで再び登校できない日々が続きました。毎朝泣いて学校に行くのを嫌がり、4歳の妹も幼稚園に行きたくないと一緒に泣くので、お母さんは困ってしまいます。「お腹が痛い」と言って学校を休んだときも、家では元気におしゃべりをしています。そのため、お母さんは「元気なのにどうして学校に行かないの？」と苛立ちを感じてしまいます。

　お母さんは担任の先生や生活指導の先生に相談しましたが、「もう4年生だから友だち同士で話し合って解決してほしい」と言われるだけでした。児童相談所に「どうすれば友だちと仲良くできるのか」と問い合わせると、学校に来ているスクールカウンセラーに相談することになり、悩みを話しましたが状況は変わらず、知人の勧めもあり最終的には病院の相談室に行くことにしました。

　病院の相談室でUくんが字を書くことも苦手だと伝えると、知能検査を受けることになりました。この検査は子どもが発達上の問題を抱えたときに、長所や短所を見つけるために実施されます。後日お母さんはUくんの結果について次のような説明を受けることになりました。

　知的な能力は同年代の子どもたちと比べるとやや低いですが、言葉や文章を理解すること、地図を覚えることや教科書の内容や図形・グラフを理

解することは得意なのだそうです。聞いたことを一時的に記憶することが
苦手で，例えば先生がクラス全員に向けて話したことは，指示を聞き逃し
てしまうため，みんなと一緒に行動することは難しいそうです。これまで
はUくんの得意能力でなんとか乗り越えていましたが，4年生になって苦
手分野をカバーすることが難しくなってきたのかもしれない。これからは
苦手な黒板文字の書き写しを工夫することなどで，クラスに戻ることがで
きるのではと話してくれました。

　このような説明を受けたお母さんには，思いあたることがありました。
「これをしたら，次はこれをしてね」と言っても「何だったっけ？」と聞
き返すことが多く「ちゃんと話を聞きなさい」と怒ったこともありました。
知能検査の後は厳しかったお父さんも，話を聞いて記憶することが苦手な
ことを理解し，Uくんへの接し方が穏やかになりました。その後「今日は
教室へ入れた」と本人から両親に直接報告できるまでに親子関係が改善さ
れました。

図43　模写：メジロ

Uくんの事例は病院での知能検査をきっかけに指導の方針が立てられましたが，絵からもUくんの特徴をとらえることができます。図43（口絵8）はUくんが家で描いた絵です。4年生の10月頃，「絵でも描いてみない？」とお母さんが誘って描きました。

Uくんは「かわいい絵だからこれを描こう」と木の枝に留まったメジロの
絵葉書を持ってきて楽しそうに15分程で描きました。細い木の枝が用紙
の下の方で中央やや左から左右に広がり，メジロが用紙中央やや右に背中
を見せて，顔は左向きでとまっています。木の枝には梅の花やつぼみが左
右それぞれ2，3輪。鉛筆の下書きにメジロ，木の枝，花は色鉛筆で彩色

されています。絵葉書を**模写**しているのですが，メジロの姿には動きが感じられます。お母さんは上手く描けていると思ったものの，色が少なく寂しい感じがしたので，「もう少し色を入れたら？」と薦めましたが，「これでいい」と言って終わりにしたそうです。

　Uくんのメジロの絵からわかることは，しっかりした観察力があるということです。知能検査の結果にも図形やグラフを理解することが得意とありましたが，絵を描く場合でも，自由に描くよりもお手本があってそこからアレンジするほうが取り組みやすいかもしれません。家庭で描かれた絵を見ることで，大まかではありますが，その子どもが同年齢の子どもたちと比較して，どのような状況にあるかをとらえることができます。

　そして，お母さんが感じたように，少し寂しい印象があるのはUくんの心の様子を映し出しているのでしょうか。メジロが眺める先に何があるのか，またメジロの気持ちを想像して話してもらうカウンセリングも必要ですが，自分の作品をこれで良いと言って終わり，それを受け入れるお母さんの姿勢はUくんにとって最も大切なことだと思います。

　また，Uくんは妖怪ウォッチのキャラクターフユニャンも模写しました。Uくんは妖怪ウォッチのアニメが好きで，フユニャンを鉛筆で下書きしてサインペンで彩色してあります。この絵も本物そっくりで，Uくんの正確な模写の力が見てとれました。絵のそばには「たくさんともだちつくろうぜ！」と吹き出しが書かれていました。フユニャンの絵はこれから入学してくる1年生たちのために学校の保健室で描いたものです。

　この絵ではサインペンが使われていますが，はみ出すこともなく丁寧にしっかりと彩色していました。保健室登校が続いていても，Uくんの心が元気であることがわかります。Uくんは説明してくれませんでしたが，フユニャンは友情パワーを使う妖怪です。Uくんが特に意識したわけではないとしても，フユニャンを選んだことには意味があったのかもしれません。入学してくる1年生に向けてだけでなく，もしかしたら少し寂しい気持ちで，自分自身に向けても「たくさんともだちつくろうぜ！」と鼓舞してい

た，Uくんの前向きな気持ちの表れと受け取ることもできます。

　その後のUくんは月2回のカウンセリングを続け，5年生になってから
は休まずに登校し，苦手な友だちとはクラスを分けるといった学校の配慮
もあり，落ち着いて学校生活を送っています。

＜Uくんの事例から＞ ||||||||||||||||||||||||||||||||||||||||||||||||||||||||||

　これまでの事例と違って，Uくんの絵は**摸写**でした。絵を見る場合に，
どうしても何が描いてあるのかに関心を向けがちですが，描画は「何を描
いたか」だけではなく，「どのように描いたのか」が大きなポイントとな
ります。目の前にあるものを丁寧に正確に**摸写**できることは，Uくんがそ
ういったものの見方をしているということであり，Uくんの長所でもあり
ます。子どもたちの支援では短所を改善する指導でなく，長所を見つけの
ばすことを心がけたいものです。

　子どもたちの絵を理解するときには，描くプロセスを邪魔にならないよ
うに観察することで，多くの情報を得ることができます。

3 言葉を書くことで怒りをしずめた Vさん（高1）

　特別支援学校には，重度の肢体不自由や言語障害，知的障害などの子ども
が多く，幼稚部，小学部から高等部までの幅広い年齢層の子どもたちが
通っています。言葉での表現が苦手な子どもの場合，アートを用いた支援
は個別の面接場面だけでなく，教科の中で取り入れることもできます。こ
こでは，特別支援学校の授業中に関わった高校1年生のVさん（15歳）
について紹介します。

　Vさんは軽度の知的障害があり，中学校時代は地域の特別支援学級に在
籍していました。教育相談の記録には，「精神的に不安定なところに配慮
が必要」とされていました。特別支援学校高等部の入学者選考では，落ち
着かない様子で周りを見回し，試験問題が配られてもすぐに「わからん」
と投げ出してしまう，という様子でした。

　4月に特別支援学校の門をくぐったVさんは，これまでとは異なる教室
の雰囲気に少し緊張しているようでしたが，少しずつ新しい学校生活にも
慣れ，周りの人との関わりを楽しんいるように見えました。

　しかし，その頃から，自分が話している教師との間に割り込んでくる女
子生徒に対して急に怒り出し，その生徒を突き飛ばしたり，物を投げたり
机を押し倒したりする，という行動が見られるようになります。また，教
師にその態度を注意されると，「うるせえ」と口答えし，大声で泣き出し
たり，教室を走り出て廊下の窓から飛び降りるような格好をすることもあ
りました。いったん怒りが爆発すると怒りが収まらず，次の授業の教室に
行っても，当たり散らすこともあります。

　そこで8人グループの国語の授業では，イライラしたり怒ったり，感情
が爆発しそうなときに，**絵や文章で紙に書き出す**よううながし，それにつ
いて尋ねたり話したりして受け止めるようにしました。

　5月下旬，「自分の名前で折句を作ろう」という課題で，名前の平仮名

を行頭に並べ，それぞれ好きな言葉を探していました。明るく陽気な生徒が「先生，できた，できた」とみんなに聞こえるような大きな声で言うと，楽しくなってふらふらと席を離れ，Ｖさんの机に接触してしまいました。以前からときどき衝突のある生徒だったからか，Ｖさんはそれまで穏やかに向かっていた折句の用紙をいきなりビリビリと破いて投げ捨て，「もういい，やらない。うるせえ」と立ち上がって怒り出してしまいました。いきなりの剣幕にぶつかった生徒は驚き，「ごめんね」と言いますが，収まりません。

　「Ｖさん，素敵な折句ができそうだったのに破っちゃったね。代わりの紙をあげるから，どんなことでも書いてみる？」「絵でもなんでもいいよ。Ｖさんは字が書けるから，文でもいいよ」と言うと，差し出されたＡ５の白紙を横置きにして，力のこもった字を書き始めました。

　1枚目，「バカ　もうつらい　みんなきらい　もういやだ　みんなうざい　さいやく　むかつく　いらいらする」

　2枚目，「みんなきらい　あほ　うるさい　しずかにしろ　○○せんせいきらい　●●せんせいきらい　□□（国語科）せんせいうざいきらい」

　3枚目，「■■せんせいきらいもうさよならした。　◇◇せんせいすき　しにたい　じぶんがきらいつらい」と書いたものを持ってきました。

　「友だちに手を出さずに，よく書くことができたね」と受け取ると，それ以上話すこともなく，その授業を終えることができました。

　図44は，夏休み明け，9月の最初の授業にＶさんが持参したノートの一部です。Ｂ５ノートを破り取り，

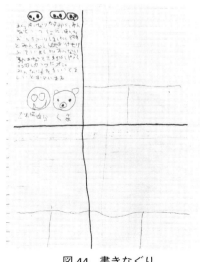

図44　書きなぐり

1ページを緑の線で4分割した上段左に，自分の夏休みの報告が記されています。それに続けて他の生徒や教師にも書いてもらおうと，全員分の名前を入れた枠を用意してきました。久しぶりに集まる授業のメンバーと，夏休みの報告をし合うことを楽しみにしてきた様子がうかがえます。文章の上の方に紫のペンで描かれた三つの顔のような絵，文章の下には，二つの顔の絵が描かれ，左に「これは自分」，右に「くま」と文字が添えられています。「自分」の絵には大きな口もあり，話したい，自分のことを見てほしいＶさんの気持ちが表れているのかもしれません。

この日は8人の生徒が順に夏休みの報告をしましたが，要領よくまとめて話せる生徒ばかりではありません。進み具合と時間を見て，自分の思ったようにノートに書いてもらえそうもないことがわかってくると，Ｖさんは「もういい！」と，紙をくしゃくしゃに丸めて投げ出してしまいました。これまでのことを考えると，他の生徒の楽しそうな話しぶりと，期待が外れた自分のイライラとの間で爆発しそうな気持ちを，Ｖさんは紙を丸めて投げることで収めることができたとも言えます。その後の授業では，夏休みの宿題の見直しや思い出の作文に落ち着いて取り組むことができました。

2月上旬，久しぶりに荒々しい態度で教室に来て，「もう，いや」と大きな声で繰り返します。気持ちを表現する用紙を差し出すと，3枚にわたって言葉と絵とを書き続けました。Ａ4用紙の片面，罫線の入ったページに文章で2枚書き，その裏面にはクマのような動物の絵を描きました。同じように2枚，さらにもう1枚，国語教師宛の手紙のような文を書きました。絵の裏面に書かれた文章は，次のようなものです。

1枚目，「なんでおこるのかなぁ　そんなにおこらなくてもいいじゃんか　もういや　かなしい　○○（学級担任）先生きらい　すきでもない　もう○○先生　バカバカバカバカ　きらい　○○先生とはなしたくないよ　バイバイもしない　きらいだもん　バカバカバカバカ」

2枚目，「○○　むかつく　きらい　ばか　もうはなしたくない。もう○○先生といっしょにはなしたくない。もうきゅうしょくとうばんやらな

い。もういい。さようなら。もう私は，しにたい　はなさない　もうきらい　バカ」

　年度末が近づくこの時期は，次年度に向けた準備が始まります。1年生のVさんも，2年生になると校外へ1週間の就業体験に行きます。そのためにどんなことが必要か，事前学習や話し合いが多くもたれます。言葉遣い，生活態度，係の仕事などについての確認や指導が増えてくる頃です。

　この日も，学級担任に注意されたことが気に入らなかったようで，かなり興奮していました。繰り返し出てくる「○○先生きらい」という言葉は，日ごろ信頼し甘えていた先生から，予想外の厳しい言葉を掛けられたショックとも見受けられます。1学期の頃の書きなぐりでは，周りの友だちや先生など多くの名前を挙げて八つ当たりのような文章で，混乱と孤独感が見られました。それが，ここでは，「（大好きな先生から叱られて）もう好きじゃないよ」と，だだをこねているように見えます。

　動物が大きな口を開けている絵にも言葉が添えられ，なかなか怒りが収まらない様子ですが，「△△（自分の名前）がおこっています」「△△おちつけないよー」と，自分の怒りと向き合い，落ち着くべきところで落ち着けない自分への戸惑いも感じられます。

　次に書いた国語教師への文章では，一転して甘える言葉が連なっていました。「□□（国語科）先生，お母さんになってほしい」「□□先生にあえてうれしくおもいました」などと，同じ授業内での表現としては，ずいぶん起伏の大きいものです。自分の感情を吐き出した，この文章と絵をどうしたいか，学級担任に伝えた方がよいか尋ねると，「○○先生に見せないで。先生（国語科）が持ってて」と差し出しました。「ずいぶん一生懸命に書いたよね。それでよければ，私がもらっておくわね」と受け取りました。そして，授業が終わると，「先生，ごめんなさい。でも，ちょっとスッキリした」と，Vさんは気持ちを切り替え，次の授業の教室へと部屋を出ていきました。

＜Ｖさんの事例から＞ ‖‖‖

　この本では，言葉で表現できない心のうちを絵や箱庭といった非言語的なもので表した事例を紹介しましたが，Ｖさんは文章の**書きなぐり**で気持ちを収めていきました。描画であれ，言葉であれ，心のうちを表現し，それを受け取ってくれる人がいれば，気持ちが収まり冷静になれることを示した例といえます。

　Ｖさんは，入学前から「精神的に不安定で配慮が必要」とされていました。しかし，同じクラスには，自閉傾向の生徒や四肢マヒ重度で全介助の必要な生徒もいて，どうしてもそちらに教師の目が向けられることが多かったようです。

　身体動作的に何の問題もないＶさんは，自分でできることを期待され，他の生徒のお手伝いまで買って出ることもありました。そのような環境の中では，自分の思いどおりにいかないこともたくさんあり，当初は感情の爆発を人にぶつけていました。しかし，それでは周囲の人とうまく付き合っていくことはできません。暴力暴言を人にぶつけるより，紙に書いてみよう，言葉で表せるなら言葉で伝えよう，との勧めに素直に従ってＶさんはそのときどきの気持ちを表してきました。書くことで自分の心に向き合う時間を持つことができ，自分のペースで成長することができました。

　教育の中では指導や注意が必要な場面も出てきます。一方で，指導された生徒の心の中にはそれを受け入れられない気持ちがわくこともまた自然なことです。イライラした気持ちや甘えたい気持ちなどを人にぶつけるのではなく，安全な形で表現することが重要です。教育的な指導と，自由な表現を受け止めることはどちらも必要ですが，表現を受け止める場合は，それが「嫌い」「バカ」のような言葉であったとしても，紙という枠組みの中で表現されているのであれば，それを認めていくことが大切です。この作業を一人の教師が行うことは難しいので，学校現場では数人の教師が，それぞれの役割を意識して分担することができると良いのではないでしょうか。

第6章

アートの実施法

　ここでは，アートを実施するための準備や方法について紹介します。子どもに実施する前に，まずは自分で体験することをお勧めします。

1　アートの準備

　学校や家庭でアートを実施する場合，部屋や机の大きさ，準備できるものなどには現実の制約があると思います。画材などは，絶対にこうでなければならないということはありませんので，場所に合わせて適宜アレンジしてください。ここでは準備するうえでの一般的な例を紹介します。

　「バウムテスト」に代表される木を描くテストや「動的家族画」などの描画テストは，Ａ４判の用紙とＨＢ～３Ｂ程度の鉛筆を準備します。自由画では用紙の大きさも自由ですが，大きい紙はそれだけ時間やエネルギーが必要となります。子どもに選んでもらうだけでなく，その子どもに合わせてこちらが勧めることも必要になります。

　彩色のための画材は，複数の種類があれば多彩な表現が可能になります。一般的に，色鉛筆のような硬い素材は繊細な表現が可能で，しっかりと自分でコントロールしながら使うことができます。一方で絵の具のような素材はフィンガーペインティングのような大胆な表現もできるのですが，場合によっては不安に思う子どももいます。最近は水彩色鉛筆や水彩クレヨンなど，あとから水を含ませた筆でなぞることにより簡単に水彩の表現ができる画材もあります。マーカーペンもパステルカラーのものや，さまざまな描き心地のものが販売されていますので，一度試してみるとよいでしょう。

2　アートの導入・行動観察・説明を聞く

　ここでのアートは上手下手を見るものではないことを伝えることが大切
です。質問があれば，思った通りに描けばよいことを伝えます。ただし，
描画テストの場合はいい加減に描くのではなく，できるだけ丁寧に描いて
もらう必要があります。棒人間のような絵は，もう一度描きなおすように
うながすことがありますが，棒人間は「人を描きたくない」というメッ
セージかもしれません。そのことも一つの表現として受け止め，杓子定規
にならないことです。

　テーマを伝えて描き始めるまでにどれくらいの時間がかかったのか，線
の引き方，色の塗り方，手が止まってしまったのはどの箇所かなども記録
します。たとえば，子どもが用紙を黒い絵の具で隙間なく塗りつぶした絵
を描いたとします。完成した絵を見ただけでは，子どもの気持ちを理解す
ることはできません。なぜなら，どのように塗りつぶしたのかによって，
子どもの気持ちは全く異なるからです。慎重に時間をかけて塗りつぶした
のか，ぶつけるかのような激しい勢いで塗りつぶしたのか。面倒くさそう
な，投げやりな様子だったのか。いろいろな色を試したうえで，全てを覆
い隠すように黒を重ねていったのか。子どもが制作している間は，見守り
ながら観察します。

　アートに何が表現されているのかを理解するためには，描き手の説明を
聴くことが必要です。子どもの様子を見て一通り終わったようであれば
「お話を聞いてもいいかな？」「説明してもらってもいいかな？」と何が描
かれているのか，自由に説明してもらいます。わからないことがあれば，
率直に質問して教えてもらいます。尋問になってはいけませんが，教えて
もらうことは悪いことではありません。

　完成したアートは実施日などを裏面に記録し，アートが子どもの一部で
あるという気持ちで，大切に扱ってください。

3　アートを理解するためのステップ

「人を一人描いてください」という描画テストでは，多くの人は自分，つまり自画像を描きません。それなのに，その絵に描いた人の性格や特徴が表れるのはなぜでしょうか。自覚することは難しいのですが，「人を描いてください」と言われた人は心の中で何か参考になるものを探します。そして自分の心に浮かぶ人のイメージの一番身近なものが自分なので，自分を描いているつもりはなくても，ついつい自分が表れてしまうと考えられています。

高橋依子著『人物画テスト』（北大路書房，2010）では，人の絵に表現されるイメージが，過去のものであったり，現在や未来のものであったり，現実の姿の場合もあれば，空想の姿の場合もあると説明されています。そのため描かれた人が現実に存在する人なのか，空想の人なのか，絵の説明を聞きながら確かめます。誰かを想定した場合でもその人を写生しているわけではありませんので，描き手にとってどのように感じられているかがその絵には含まれていると考えられます。

さて，アートを理解するための最初のステップは，一つひとつの特徴にこだわらず，全体として眺めることです。何が描かれているのか，たとえば女の子が描かれたのか，男の子が描かれたのかに関心を向けがちですが，全体的にどのような感じがするか，作品のでき栄えにこだわらず，そこから伝わってくる印象を書きとめます。

豊かな感じ，不自然な感じなど，アート全体から受ける印象は，描き手の持つ一面と推測できます。そして，人物画であれば「この人と友だちになれそうかな」，家の絵であれば「この家に住んだら，どんな気持ちかな。住みたいかな」などと想像してみることも役に立ちます（M. レボヴィッツ著，菊池道子他訳『投映描画法の解釈―家・木・人・動物―』誠信書房，2006）。描き手である子どもは，描かれた絵のような人なのかもしれないし，そのような人になりたいのかもしれません。また，ちょっと入りにくいと思うような家，家庭の中で育ってきたのかもしれません。あくまでも

想像であることを忘れてはいけませんが，あれこれと想像を膨らませて可能性を考えます。

　次に，どのように描かれたのかに注目します。手書きの文字にはその人らしさが表れると言いますが，大きく丁寧な線でゆったりとした筆跡からは，その人の安定した心の様子がうかがえます。逆に小さく乱れた筆跡からは自信のなさや不安，落ち着きのなさが伝わってきます。同じように，絵の大きさや筆圧，陰影のつけ方などに注目します。大きければ良い，あるいは強い筆圧が良いわけではなく，バランスのとれた大きさや筆圧であることが心のバランスの良さを表しています。

　さらに，何が描かれているのか，描かれていないのかを確認します。木の絵であれば，枯れ木や切り株の絵に対しては，そこからから連想されることが描き手の心のうちに起きているのではないかと想像してみます。人の絵では，省略されたり強調された体の場所が，どういった機能を持つのかを考えてみると良いでしょう。

　口は自分の意見を述べたり，食べものを取り入れる場所です。そこが省略されているのであれば，描き手は話すことができないか，話すのをためらっているのかもしれません。あるいは心の栄養が取り入れられないのかもしれません。家族全員の絵を描いてください，と描いてもらった絵に自分や誰かが省略されている場合があります。うっかり忘れたと説明するかもしれませんが，忘れられた人はその家族の中での存在感が薄いのかもしれません。

　彩色を行う場合には，その色使いに注目します。色は感情との関係が深く，色彩の知識がアートの理解にも役立ちます。たとえば「赤」は血の色でもあり，生命の色です。しかし，そのアートに使われた赤の意味を断定することはできません。そこで描き手の説明を聞きます。偶然にも，使いたかったクレヨンがなくて，赤ばかり使ったのかもしれません。女の子の絵だから赤いスカートにしたのかもしれません。一方で，普段は赤は使わないけれど，今日はなぜか惹かれて使ったのであれば，その赤には何かし

らの意味が含まれている可能性は高いでしょう。アートの意味は常に一つ
ではなく，その子どもにとっての意味を探していくことが求められます。

　最初はアートから何かを感じることが難しいと思うかもしれませんが，
じっくりと何度も眺めてみると感想は浮かぶはずです。その絵の世界が子
どもの心の世界であり，そこに住んでいるとしたらどうなのかと思いを馳
せてみたり，それが子どもの願いなのかもしれないと考えてみたりします。
アートによって何かを断言するのではなく，描き手である子どもを知るた
めの糸口なのだという姿勢が大切です。

4　描画テスト

　心理検査としての描画テストには，「○○の絵を描いてください」とい
う共通したやり方があります。同じ方法で描いた絵は，同じ年齢の人たち
と比較することが可能で，客観的にその人の特徴を見つけることができま
す。これまでの事例で用いていた描画テストの実施法と絵を見るときの注
目点を簡単に紹介します。また，それぞれの描画テストには手引きとなる
ような書籍が出版されていますので，詳細はそちらを参照してください。

(1)　バウムテスト　＊32頁，52頁，74頁

　バウム（Baum）とはドイツ語で木を意味し，日本では「実のなる木を
（1本）描いてください」という方法がよく使われています。実を描くか
否かは描き手にゆだねた「木を1本描いてください」という方法もありま
す。

　用紙に描かれた木のサイズは，自尊心や心のエネルギーの量を表すと考
えられます。木の姿を人の姿と見なしながら，木の根をエネルギーの源，
幹はそのエネルギーの流れや情緒的側面，枝は人との関わり，樹冠は精神
生活といった視点から検討します。枯れ木や折れた木は，そこから連想さ
れるようなことが子どもの心に生じているのではないかと考えます。

(2) 動的家族画　＊36頁，53頁，63頁，他

私たちが生活するうえで家族は大きな存在です。子どもたちが家族をどのような存在ととらえているのか，その関係性を知るための方法の一つが動的家族画（Kinetic Family Drawing:KFD）です。「あなたを含めて，あなたの家族のみんなが何かしているところを描いてください。何らかの行為をしている家族です」が基本の方法です。

「現在ではなく小学生の頃の家族のことを思い出して描いてください」と，昔を思い出して家族を描いてもらう方法は回想家族画とよばれます。

描き終わったら，それぞれの人が誰なのか，何をしているのか，誰から描いたのかを質問します。描き手が重視している人が最初に描かれることが多いようです。描かれた家族は，同じ部屋にいて同じこと（例えば食事）をしているのか，同じ部屋にいてもそれぞれに活動しているのか（例えば父親はテレビ，子どもはゲーム），誰と誰が近くに描かれているのか，みんなが笑顔で食卓を囲んでいるのかなどによって，家族の雰囲気が伝わってきます。現在の家族関係がぎくしゃくしていて，「あの頃は楽しかった」と仲の良かった頃の家族の絵が描かれることもあります。

(3) 動的学校画　＊54頁，69頁，他

子どもは学校で過ごす時間も長く，そこでどのように過ごしているのかは子どもを理解する上で大切です。そこで子どもが友だちや先生のことをどのように見ているのかを理解するための描画テストが動的学校画（Kinetic School Drawing:KSD）です。

子どもには「学校の絵を描いてください。そのとき自分，自分の先生，それに友だちを一人か二人，何かやっているところを描いてください」と指示して，KFDと同様に，描かれた人が誰か，何をしているのか，描画の順番などを確認します。先生は尊敬される対象として描かれているのか，友だちと一緒に遊んでいるのか，学校内で活き活きと過ごしているのか，など子どもの目から見た学校の世界を理解することができます。

(4)　雨の中の私　＊23頁

　日本では「雨の中の私を描いてください」という方法が主流になっています。絵を描いた後に，雨の強さやいつ止むのか，雨の中にいる人の気持ちなどを質問します。人物画としての視点を基本に，雨の強さはストレスの強さと仮定して，強い雨が長く降り続く絵であれば，強いストレスが長引いていると考えられます。同時に雨に対してどのように身を守っているかに注目します。しっかりと傘を差してレインコートや長靴で身を守り，笑顔を見せる絵もあります。また，カエルやカタツムリが登場し，水たまりで遊ぶ絵もあります。強い雨でも明日には止むのであれば，強いストレスにも対処できていると考えられます。

(5)　風景構成法　＊75頁

　風景構成法は絵を描くことそのものによる心の回復を重視するアートセラピー的な意味も強い方法です。

　これまでと違って，実施には黒のサインペン，彩色用のクレヨンや色鉛筆を準備します。また，子どもの前で大人がサインペンを持って画用紙の縁に枠を描いてから渡します。この枠づけの作業は，描き手の表現を保護するという意味がありますので，子どもの目の前で行います。そして描き手にサインペンを渡して「これから私が言うものを一つひとつこの枠の中に描きこんで，全体が一つの風景になるように絵を描いてみましょう」と伝えます。「川を描いてください」から始め，相手のペースに合わせて山，田んぼ，道，家，木，人，花，動物，石と提示していきます。最後に，何か足りないものがあれば描き足してもらいます。

　次にクレヨンや色鉛筆で色を塗って完成させます。完成した絵を一緒に眺めながら，描かれた風景の季節や時間，人が何をしているのかなど，情景が共有できるように説明をうながします。

　描かれた一つひとつのアイテムに注目することも可能ですが，川で分割された世界はつながっているのか，道はどこへたどりつくのか，完成した

風景が描き手の心の風景であると理解します。

5　アートセラピー

　ここでは関係作りのアートや，箱庭やコラージュの方法について紹介します。描画テストのように決まった方法はないので，相手に合わせて実施してください。それぞれのアートについては「あなたは○○ですね」と解釈はしません。アートを制作することそのものが心の解放をうながし，一緒に眺めることで気づきにつながる可能性があります。作品に題をつけたり，気に入っているところなど感想を話し合います。感想は「私はこんな風に思った」と相手を尊重しながら伝えます。

(1)　なぐり描き　＊83頁，他

　特にルールはないことを説明しながら，鉛筆やサインペンでぐるぐるとなぐり描きをして，そこに何が見えるか探すゲームです。最初のなぐり描きに描き足しても構いません。見つかったものに色を塗ることもできます。完成したら交代します。思い切った線が描けないようであれば「めちゃくちゃに描いちゃおうかな」と描いてみせたり，相手の様子を見ながら連想しやすい線を描いたり，少し難しい線を描いてみたり，見つからないときには教え合ったり，一緒に楽しんでください。

(2)　交互色彩分割法　＊22頁

　交互色彩分割法は用紙と黒のサインペン，彩色用のクレヨンや色鉛筆を準備します。

　まず，大人が用紙にサインペンで枠を描いて示し，「この枠の中を二人で好きなように線を引いてみよう」と言って，線を引いて見せます。直線，曲線どのような線でも構いません。交代しながら画面を区切ります。最初のうち，子どもは同じような線を引くかもしれませんし，慣れてくれば自由に引くことができるようになります。あまり細かいと次の作業が大変に

なりますから，適当なところで「あと1回で線は終わりにしよう」と終わりにします。次に，「自分の好きなところに色を塗っていこう。交代で塗っていくよ」と一つずつ色を塗ります。塗り終わるとステンドグラスのような模様が完成します。

　最初は子どもの様子を見ながら，相手のために線を引く，色を塗るという気持ちで関わります。黙っていても，おしゃべりをしながら行っても構いません。1枚の用紙を前に一緒に作り上げる感覚を楽しんでください。先生と生徒であっても，アートの中では対等です。線や色でちょっと意地悪したり，寄り添ったり。相手の様子を観察し「そうきたか，じゃあ私はここに線を引こうかな」と独り言のように呟きながら，あるいは黙って相手についていきます。「ここではあなたの自由にしてかまわないよ」というメッセージをアートを通して相手に伝えることができます。

(3)　箱　庭　＊45頁，78頁，他

　箱庭は，内側が青色に塗られた木箱に入れた砂の上に，人や動物，植物，建物といったミニチュアを自由に置くことで，自分の世界を表現する方法です。サラサラした砂に触るだけでも気持ちがよく日常生活から離れて，イメージの世界に入っていきます。砂を掘ると青色が出てきますので，川や海の表現なども可能です。砂場遊び，人形遊びのような雰囲気とともに心の風景が作られていきます。完成したあとは，作者がどのようなイメージで作ったのか感想を話し合います。箱庭は保存することができないので，作者の了解をとって写真に残します。1回の作品だけでなく，継続的な作品の中で変化を読み取ります。

　箱庭は砂箱とある程度のミニチュアが必要となるので，どこででも可能というわけではありません。しかし，ミニチュアを並べているうちに物語が生まれ，思いもかけない方向へ展開することもあり，豊かなイメージを表現することができます。

(4)　コラージュ　＊40頁，57頁，他

　この方法は，家庭で一人で行うことができますので，自分で試してみると良いでしょう。切ってもいい雑誌や旅行のパンフレットなど，はさみ，のり，台紙（白・カラー）を準備します。まず，雑誌などを見ながら気になるものを切り抜きます。いくつか集まったところで，切り抜きを台紙の上に並べます。台紙のどこに置けばぴったりした感じがあるのか，場所を移動させながら並べていきます。場所が決まったら台紙に貼りつけて完成させます。

　自分の好きなものをたくさん集めるだけでも楽しく，自分の思い通りに切り抜くことができれば達成感が得られます。一人で制作することが基本ですが，並んでそれぞれが作品を作ったり，一緒に1枚の作品を制作することもあります。箱庭と同じように，作品は一連の流れの中で理解します。

　箱庭と違って用具が簡単ですから，場所を選ばず実施できます。また，文字の使用や人間の一部分だけを集める，重ねて貼るなど切り抜きだからこそできることがあり，独自の表現が可能です。

6　アートの体験から

　本章の冒頭にも述べましたが，まずは自分が体験することをお勧めします。自分が体験すれば，何を準備すべきか，どのような配慮が必要かがわかると思います。たとえば，「上手下手を見るものではありません」と言われてもやはり気になる気持ちや，制作中にはどのような位置から見守ればよいのか，どれくらいの時間が必要か，疲れ具合，手の汚れが気になる場合にどう対処するのかなど，実施する前に考えておくべきことがさまざまあります。実施する場所にもよりますから，自分がアートを行う部屋を想定しながら準備を整えてください。

　また，自分が楽しかった方法が誰もが楽しいと思うわけではありませんし，その逆もあります。絵が苦手な人にはコラージュのほうが取り組みやすいと思いがちですが「絵が得意なわけではないけれど，コラージュをす

るくらいなら絵の方がいい」や「バラバラに切って，またまとめるなんて
よくわからない」という感想もあり，人それぞれです。自分の体験を基本
にしながらも，さまざまな反応があり，それを受け入れることが大切です。
同僚や友だちと一緒に実施し，率直な意見を聞くことはとても参考になり
ます。

おわりに

　本書はアートセラピー研究会のメンバーがこれまでに重ねてきた事例検討会の記録です。アートの意味は一つではありません。事例検討会では担当者が感じたことを説明しながら，いろいろな可能性を探っていきます。自分が気づかなかった特徴に，他のメンバーが気づくこともあります。「この絵は何を伝えているのだろう」と考えるとき，自分だけでなく人の意見を聞くことで，独りよがりにならず支援につなげることができます。

　養護教諭，スクールカウンセラー，特別支援や相談室の相談員として，担当する子どもたちの特徴は少しずつ異なります。保健室にはまだ問題が複雑になっていない子どもたちも訪ねてきます。養護教諭のいる保健室では身体の不調として表れた心の不調を感じ取り，早い段階で支援することができます。相談室では何年も面接を続けた事例もあります。小学校，中学校という区切りを超えて，長期に渡って同じ人が支援する必要がある子どもたちもいます。

　どうして保健室に子どもが行くのか，スクールカウンセラーや相談員という人たちは何をする人なのか，よく知らない人が大多数なのではないでしょうか。本書では，保健室や相談室に来る子どもたちがアートによってどのように心を表現し，また担当者が何を考えながら寄り添っているのか，その一端をお伝えしたつもりです。言葉では何も言わなくても，絵には表現されているときがあります。そして担当者が子どもたちの表現に込められた思いを真摯に受け止めることができれば，子どもたちは自らの力で変化していきます。子どもたちとのアートでは，子どもたちには自分を表現する力があること，そしてそれを可能にするアートの力をまざまざと見せつけられることも多く，驚くばかりです。

　それぞれの事例には，スペースの都合で紹介できなった作品やたくさんのエピソードがあり，ドラマがありました。本書の製作にあたって改めてアートを眺めると，子どもたちのこと，お母さんのこと，当時のことがよみがえります。担当者が子どもたちのサインや，絵のメッセージをどれだけ受け止められていたのか，という思いもよぎります。

　本書のタイトルは「描画からわかる子どもの危機と成長のサイン」としました。子どもたちは何気ないアートの中にサインを発しています。それに気づき，受け止められるのかどうかは，大人の私たちにかかっています。描画に示されたサインを読み取るためには，さまざまな事例を経験することが必要であり，本書がその一端を担うことができれば望外の幸せです。大切な心の記録であるアートの掲載を快く許可してくださった子どもたちや保護者の皆さまに心より感謝申し上げます。

　アートには言葉にならない子どもたちの思いが表現されると何度も述べました。私たちは言葉にはならない思いを受け取り，理解してきたつもりです。逆に本書を執筆するうえで，アートに込められたサインを言葉で説明することの難しさに直面しました。担当者がこの事例から何を学んだのか，子どもたちは何を教えてくれたのか，言葉にしてみると何か違っているようで，もどかしい思いになりました。

　第1章でアートについて話し合うことの大切さについて述べました。改めてアートと向き合い，言葉にまとめる作業によって，私たち自身もさらに多くのことを学ぶことができたと思います。

　最後になりましたが，監修・ご指導をいただき，この本の刊行を心待ちにしていながら，今年6月に泉下の人となってしまわれた加藤孝正先生に，会員一同感謝申し上げ，ご冥福をお祈り申し上げます。

　平成 29 年 12 月

　　　　　　　　　　　　　　　　　　　　　　　　　　　　馬場史津

参考文献

・阿部惠一郎著『バウムテストの読み方－象徴から記号へ－』金剛出版，2013

・D.W. ウイニコット著，牛島定信監訳，倉ひろ子訳『ウイニコット著作集 8 精神分析的探究 3 －子どもと青年期の治療相談』岩崎学術出版社，pp 71-92，1998

・E. クレイマー著，徳田良仁・加藤孝正訳『心身障害児の絵画療法』黎明書房，2004

・藤掛明著『描画テスト・描画療法入門』金剛出版，1999

・G.D. オスター，P. ゴウルド著，加藤孝正監訳『描画による診断と治療』黎明書房，2005

・日比裕泰著『動的家族描画法（K-F-D）－家族画による人格理解－』ナカニシヤ出版，1986

・H.M. ノフ，H.T. プラウト著，加藤孝正・神戸誠訳『学校画・家族画ハンドブック』金剛出版，2000

・保坂健二朗監修，アサダワタル編『アール・ブリュットアート日本』平凡社，2013

・今村真実・横木由美子・尾藤ヨシ子・八田純子「自閉症と診断された女児への発達支援」『日本心理臨床学会第 29 回大会発表論文集』pp168，2010

・J. ボウルビィ著，黒田実郎・大羽蓁・岡田洋子・黒田聖一訳『母子関係の理論Ⅰ　愛着行動』岩崎学術出版 ,1991

・K. ボーランダー著，高橋依子訳『樹木画によるパーソナリティの理解』ナカニシヤ出版，1999

・K. コッホ著，岸本寛史・中島ナオミ・宮崎忠男訳『バウムテスト第 3 版』誠信書房，2010

・R.C. バアンズ，S.H. カウフマン著，加藤孝正他訳『子どもの家族画診断』黎明書房，1973

・加藤孝正・小栗正幸・神戸誠・水谷友則・仲村正巳・小栗和子「問題行動をもつ子供の動的学校画の試み」『臨床描画研究 4』pp.129-145，1989

・加藤孝正「家族全体の把握における動的家族画法の検討」『臨床描画研究 24』

pp.5-19，北大路書房，2009
・加藤孝正監修，杉野健二著『コラージュ療法』黎明書房，2011
・河合隼雄著『箱庭療法入門』誠信書房，2004
・小林重雄編『子どものかかわり障害』同朋舎出版，1989
・栗原輝雄著『特別支援教育臨床をどうすすめていくか－学校臨床心理学の新たな課題－』ナカニシヤ出版，2007
・L.W. ピーターソン・M.E ハーディン著，津波古澄子・安宅勝弘訳『危機にある子を見つける　描画スクリーニング法』講談社，2001
・M. レボヴィッツ著，菊池道子・溝口純二訳『投映描画法の解釈－家・木・人・動物－』誠心書房，2006
・三上直子著『S－HTP法』誠信書房，1995
・森谷寛之著『子どものアートセラピー』金剛出版，1995
・中井久夫「精神分裂病の精神療法における描画の使用－とくに技法の開発によって作られた知見について－」『芸術療法 2』，pp.77-90，1970
・中里均「交互色彩分割法－その手技から精神医療における位置づけまで－」『芸術療法 9』，pp17-24，1978
・夏苅郁子著『心病む母が遺してくれたもの』日本評論社，2012
・空井健三監修，小栗正幸「回想家族画」『家族描画法ハンドブック』pp. 138-153，財団法人矯正協会，2002
・澤柳志津江・石川元・川口浩司・大原健士郎「『雨中人物画』にあらわれた森田療法の治療過程」『臨床精神医学 18』pp.81-89，1989
・関則雄・三脇康雄・井上リサ・編集部編『アート×セラピー潮流』フィルムアート社，2002
・杉浦京子・香月菜々子・鋤柄のぞみ著『投影描画法ガイドブック』山王出版，2005
・鈴江毅・庄司佳美「学校保健と描画」『臨床描画研究 23』北大路書房，pp.49-63，2008
・高橋雅春・高橋依子著『樹木画テスト』北大路書房，2010
・高橋依子監修，橋本秀美著『スクールカウンセリングに生かす描画法』金子書房，2009

- 高橋依子著『人物画テスト』北大路書房，2010
- 田中康雄著『発達支援のむこうとこちら』日本評論社，2011
- 徳田良仁・大森健一・飯森眞喜雄・中井久夫・山中康裕監修『芸術療法 1 理論編』岩崎学術出版社，1998
- 徳田良仁・大森健一・飯森眞喜雄・中井久夫・山中康裕監修，森谷寛之「子供の絵画療法の実際」『芸術療法 2　実践編』岩崎学術出版社，pp.29-35，1998
- 八田純子・桃木徳博・尾藤ヨシ子・菊池真実・横木由美子・粕谷千晶・原由梨花「自閉症と診断された女児への発達支援」『愛知学院大学心理臨床センター心理臨床研究 15』pp.49-66，2014
- 山中康裕編『風景構成法その後の発展』岩崎学術出版社，1993
- 山中康弘「私のスクイグル− MSSM ＋ C への招待−」『臨床描画研究 8 』pp.51-69，1993
- 山中康裕・皆藤章・角野喜宏編『バウムの心理臨床』創元社，2005
- 厚生労働省「発達障害者支援施策」＜ http://www.mhlw.go.jp/stf/seisakunitsuite/bunya/hukushi_kaigo/shougaishahukushi/hattatsu/index.html ＞ 2005
- 文部科学省「特別支援教育について」＜ http://www.mext.go.jp/a_menu/shotou/tokubetu/main.htm ＞ 2017
- 日本心理臨床学会「心のケア」による二次被害防止ガイドライン＜ http://www.ajcp.info/heart311/guideline1.pdf ＞ 2011
- 朝日新聞「今こそ　山下清」2015.6.22
- 中日新聞「絵を描く　仕事にできた」2016.11.15

監修者紹介

加藤孝正

　1959 年，南山大学文学部卒業。米国イオンド大学名誉博士。臨床心理士。同朋大学人間福祉研究科大学院客員教授，中部大学現代教育学部特任教授，社会福祉法人親愛の里理事長，日本描画テスト・描画療法学会常任理事，アートセラピー研究会代表などを歴任。2017 年逝去。

　主な著書『知恵遅れの生理と療育』（青木書店，1987 年）『新しい養護原理』（ミネルヴァ書房，1997 年）『コラージュ療法』（黎明書房，監修，2011）他。

　主な訳書『子どもの家族が診断』（共訳，1975 年）『心身障害児の絵画療法』（共訳，2003 年）『描画による診断と治療』（監訳，2005 年）以上，黎明書房。

編者紹介

馬場史津　中京大学心理学部教授。臨床心理士。日本描画テスト・描画療法学会常任理事。アートセラピー研究会会員。主な著書『母子画の基礎的・臨床的研究』（北大路書房，2005 年）他。

著者紹介

アートセラピー研究会　平成 11 年設立。同朋大学の加藤孝正先生のゼミナールを受講したメンバーが自主勉強会を始め，2 ヵ月に 1 回の事例検討会を続けている。メンバーは現在，正会員 19 名，準会員 9 名で，中部地方の大学や相談機関，特別支援や相談室の相談員，保健室の養護教諭などから構成されている。以下に研究会メンバーを記す。（50 音順）

青山ゆき	市橋エイ	菊田まさの	小嶋文乃	後藤邦子	小林早苗	庄司佳美
杉浦好美	鈴木享子	宗田美名子	髙﨑順子	武田葉子	手嶋早奈恵	馬場史津
尾藤ヨシ子	村田由枝	山岡美和	山田　忍	吉田小百合		

描画からわかる子どもの危機と成長のサイン

2018 年 1 月 1 日　初版発行	監修者	加　藤　孝　正
	編　者	馬　場　史　津
	著　者	アートセラピー研究会
	発行者	武　馬　久　仁　裕
	印　刷	藤原印刷株式会社
	製　本	協栄製本工業株式会社

発　行　所　　　　株式会社　黎　明　書　房

〒 460-0002　名古屋市中区丸の内 3-6-27　EBS ビル
☎ 052-962-3045　FAX 052-951-9065　振替・00880-1-59001
〒 101-0047　東京連絡所・千代田区内神田 1-4-9　松苗ビル 4 階
☎ 03-3268-3470

R. C. バアンズ, S. H. カウフマン著　加藤孝正他訳　　　A 5上製・320頁　5700円

子どもの家族画診断
描画心理学双書2
子どもの描いた家族の絵から，複雑な家族状況の中に生活する子どもの感情・人間関係を鮮やかに分析・診断する。新装版。

ジェラルド D. オスター, パトリシア・ゴウルド著　加藤孝正監訳

A 5上製・186頁　5000円

描画による診断と治療　描画心理学双書8
個人心理療法，家族治療，グループ治療の中で，描画を様々なタイプのクライエントの診断と治療に役立てる方法を，多数の事例を交えて臨床的視点から詳述。

加藤孝正監修　杉野健二著　　　　　　　A 5・227頁（カラー口絵2頁）　2900円

コラージュ療法
実践ですぐ使える絵画療法2
「コラージュ療法」の手順，作品の読み解き方，対処の仕方を，事例と多数の作品を通してわかりやすく説明。幼児，子どもから成人，高齢者まで使えます。

E. クレイマー著　徳田良仁・加藤孝正訳　　　　A 5上製・258頁　5500円

心身障害児の絵画療法
精神医学選書5
子どもたちの様々な障害は絵画にどのような形で現れるのか。豊富な実例を通して科学と芸術の両面から解明する。

田中和代著　　　　　　　　　　　　　A 5上製・64頁　2500円

先生が進める子どものためのリラクゼーション
授業用パワーポイントＣＤ・音楽ＣＤ付き
音声ガイド入りの「となりのトトロ」「星空につつまれて」を聞きながら，効果のあるリラクゼーション（呼吸法）が，小学校高学年から誰でもすぐできます。

田中和代著　　Ｂ 5函入り・77頁（カラー絵カード 32 枚（48 場面）付き）　4630円

小学生のための3枚の連続絵カードを使った
ＳＳＴの進め方　カラー絵カード 32 枚（48 場面）付き
仲直り，スマートフォンの使い方などのソーシャルスキルを，基本的な 16 ケースに即して，3枚の連続絵カードとロールプレイで，体験的，効果的に学べます。

田中和代・岩佐亜紀著　　Ｂ 5函入り・151頁（カラー絵カード 40 枚付き）　5000円

カラー絵カード付き　高機能自閉症・アスペルガー障害
・ＡＤＨＤ・ＬＤの子のＳＳＴの進め方
特別支援教育のためのソーシャルスキルトレーニング（ＳＳＴ）
学校だけでなく家庭でもすぐに SST ができます。

＊表示価格は本体価格です。別途消費税がかかります。

■ ホームページでは，新刊案内など小社刊行物の詳細な情報を提供しております。
「総合目録」もダウンロードできます。　　　　http://www.reimei-shobo.com/